Réussir un projet Intranet 2.0

Frédéric Créplet   Thomas Jacob

Réussir un projet Intranet 2.0

Écosystème Intranet, innovation managériale, Web 2.0, systèmes d'information

EYROLLES

Éditions d'Organisation

Éditions d'Organisation
Groupe Eyrolles
61, bd Saint-Germain
75240 Paris cedex 05

www.editions-organisation.com
www.editions-eyrolles.com

À Claudine et Jean-Marie.

À Marie-Pierre, Fatri, Jean-Sébastien, Matthieu, Pit.

Et à l'équipe Voirin Consultants.

© Groupe Eyrolles, 2009
ISBN : 978-2-212-54345-2

Sommaire

v

PARTIE 2

PARTIE 3

Démarche générale de l'ouvrage

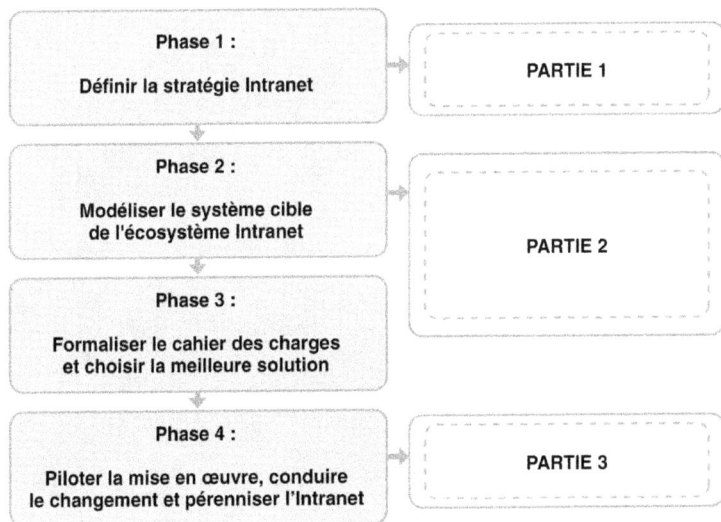

Phase 1 :

Définir la stratégie Intranet

→ PARTIE 1

Phase 2 :

Modéliser le système cible de l'écosystème Intranet

Phase 3 :

Formaliser le cahier des charges et choisir la meilleure solution

→ PARTIE 2

Phase 4 :

Piloter la mise en œuvre, conduire le changement et pérenniser l'Intranet

→ PARTIE 3

Introduction générale

Un nouvel ouvrage sur l'Intranet et des modalités projet était nécessaire ! Depuis la parution début 2003 d'*Ingénierie de projet Intranet* (Créplet, F., Éditions d'Organisation), plus de six ans ont passé et les usages et technologies de l'Intranet ont évolué, tout en se stabilisant dans certains domaines… Il était donc temps de proposer une mise à jour des méthodes et de développer de nouvelles approches sur les interrelations entreprise ⟺ ambitions managériales ⟺ Intranet ⟺ système d'information ⟺ usages des collaborateurs.

Plus qu'une réédition

L'objectif du présent ouvrage dépasse la seule réédition du premier ouvrage. D'une part, il a pour ambition de donner un « fil rouge projet » s'adaptant aux différentes catégories de projets Intranet et pouvant être déployé dans une variété d'organisations. D'autre part, il vise à rendre attentif le porteur de projet Intranet à l'environnement dans lequel un tel projet s'inscrit et se déroule sans négliger son animation, une fois mis en ligne…

Dans cette perspective, **plusieurs axes fondamentaux** ont présidé à sa rédaction :

- quels sont les pré-requis pour initialiser un projet Intranet nouveau ou à part entière ?
- quel lien choisir entre le projet, ses objectifs et périmètres et la stratégie de l'entreprise ?
- comment convaincre de la pertinence d'un projet Intranet ?

▶ quelle définition d'architecture faut-il réussir à atteindre pour qualifier au mieux les besoins, fonctionnalités et domaines technologiques ?

▶ quelle approche des solutions dites Web 2.0 ?

▶ comment aller au-delà d'un simple projet de système d'information en ouvrant d'autres champs comme la transformation de l'organisation, sa performance, la conduite du changement, etc. ?

▶ comment réussir la sélection de prestataires et de solutions applicatives ?

▶ comment lancer l'intégration des solutions en sécurisant la démarche et en prenant en compte de nombreux autres enjeux tels que le rôle du management ?

▶ comment enfin anticiper la gouvernance et les cycles de vie de l'Intranet ?

Cette variété de bonnes questions — permettant de **réussir son projet Intranet** — trouve des réponses dans les trois parties de cet ouvrage au travers de présentations, d'encadrés, de méthodes et de retours d'expériences.

Un écosystème

Ce livre cherche ensuite à répondre à une autre **ambition** : décrire et formuler des préconisations sur l'environnement de l'Intranet dans l'organisation. Pour réussir cette caractérisation — également fondamentale pour la réussite du projet Intranet —, le concept d'**écosystème** a été utilisé et développé.

Ce concept est traditionnellement décrit dans la littérature pour des environnements liés à l'écologie de la manière suivante : un écosystème désigne l'ensemble formé par une association ou une communauté d'êtres vivants et son environnement. Les éléments constituant un écosystème développent un réseau d'interdépendances garantissant la vie et son développement.

Ramené au sujet de cet ouvrage, l'**écosystème Intranet** s'apparente à de telles propriétés. En effet, **l'association ou la communauté** est représentée par les collaborateurs de l'organisation interagissant de manière aussi bien numérique (au travers de la messagerie, d'espaces collaboratifs, etc.) que physique (dans des échanges informels, en réunions, etc.).

L'environnement, lui, est constitué aussi bien de l'environnement de l'entreprise au sens d'une institution fixant des objectifs, des règles, des principes de fonctionnement et de gouvernance que de l'environnement de l'Intranet (ses fonctionnalités et possibilités).

Quant au **réseau d'interdépendances**, par définition, l'Intranet est un objet collectif et participatif : il permet des pratiques individuelles, mais est surtout un levier au service de la transversalité, du partage et des fertilisations croisées… Par ailleurs, ce réseau d'interdépendance, dans un contexte Web 2.0, est renforcé par la place nouvelle de l'utilisateur, à la fois consommateur et acteur de la diffusion d'informations et de connaissances…

Enfin, **garantissant la vie et son développement** signifie qu'un Intranet relié à l'entreprise et à sa sociologie humaine est synonyme de dynamique, de vie et d'évolution. Alors que les fonctionnalités peuvent être stabilisées, l'usage qui en est fait correspond totalement à des interactions, à des réactions, à des actions… soit autant de preuves de vie !

Le propos développé dans les chapitres de ce livre est donc à la fois de vous donner toutes les clés d'un projet Intranet et de son environnement. Aussi, l'écosystème Intranet, ses spécificités et ses connexions y sont-ils détaillés. L'objectif est que le lecteur puisse construire et se représenter la **carte de son écosystème Intranet** — qu'il existe, soit à renforcer ou à créer.

Plus largement, un postulat a été pris en ce qui concerne cet écosystème. Il s'inscrit dans un écosystème plus large, un **écosystème numérique** où l'Internet trouve toute sa place. En effet, les technologies et usages de l'Intranet sont empreints et influencés par l'Internet (réseaux sociaux, habitudes de navigation, de recherche, etc.). Aussi, la carte de l'écosystème Intranet est-elle décrite dans notre raisonnement comme une partie intégrante d'une carte plus vaste. L'objet est d'en donner ici les seuls contours. Le synoptique qui suit indique les principaux et est complété tout au long des trois parties.

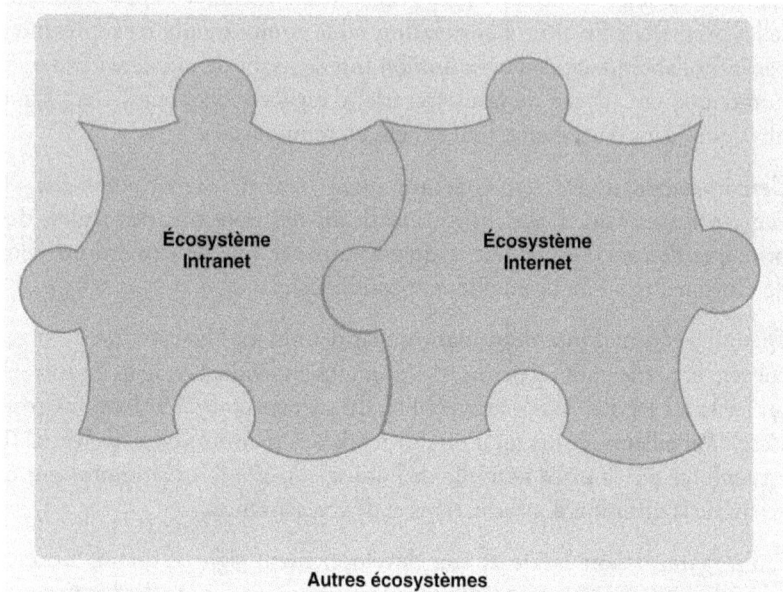

Figure 1 : Écosystème numérique – écosystèmes Internet et Intranet

Trois parties

Cet ouvrage est construit autour de trois parties fondamentales qui s'articulent progressivement. Leur point d'ancrage est l'ambition managériale de l'entreprise et de sa direction quant à l'alignement entre le projet d'entreprise et la réussite d'un projet Intranet.

La première partie a pour objet de définir les termes du contexte du projet et de son écosystème. La deuxième partie, quant à elle, donne toutes les clés pour définir l'écosystème Intranet de manière fonctionnelle, applicative et technologique, tout en indiquant les bonnes pratiques pour sélectionner des solutions et un ou plusieurs prestataires. Enfin, la troisième et dernière partie a pour objet l'intégration des solutions et de leur mise en ligne effective. Elle comprend en outre les principales recommandations quant à la gouvernance et à l'animation de l'Intranet.

Phase 1 : Définir la stratégie Intranet	→	PARTIE 1
Phase 2 : Modéliser le système cible de l'écosystème Intranet	→	
Phase 3 : Formaliser le cahier des charges et choisir la meilleure solution		PARTIE 2
Phase 4 : Piloter la mise en œuvre, conduire le changement et pérenniser l'Intranet	→	PARTIE 3

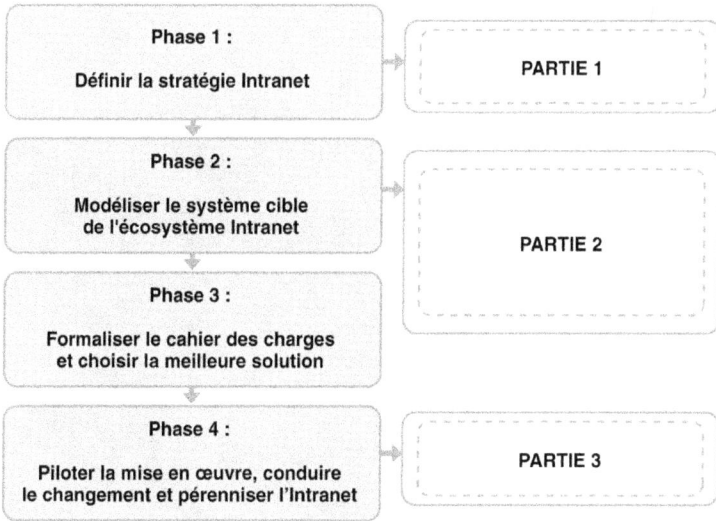

À de nombreuses reprises dans cette progression — qui s'appuie sur un « fil rouge » annoncé plus haut – des enjeux liés au management de l'entreprise, à leur sponsoring de la démarche et de l'écosystème Intranet, sont développés. Alors que les solutions technologiques, les gains avérés pour les utilisateurs ou encore le caractère participatif de la démarche projet constituent des facteurs clés de succès fondamentaux, un autre facteur primordial est à prendre en compte. Il se résume dans la compréhension par le management de l'entreprise qu'il va pouvoir tirer profit de cette dynamique, de ses outils et de ses usages. Pour résumer, le management peut à la fois accompagner et développer l'écosystème, mais aussi s'en servir pour de nombreuses innovations et sources de performance !

PARTIE 1

Cette première partie vise à expliquer comment réussir des choix stratégiques pour un futur Intranet. Pour atteindre cet objectif, il est indispensable de prendre en considération les termes du projet d'entreprise de votre organisation, qu'elle soit du secteur privé ou du secteur public. Il en sera de même de sa culture d'entreprise, voire de son état d'esprit managérial. Les objectifs vont conditionner la portée de l'Intranet et de ses nouveaux services. Au-delà, il s'agira de qualifier les besoins et leurs périmètres. Les premiers vont conditionner les fonctionnalités cibles d'un nouvel outil ; les seconds les champs fonctionnels et métiers de celui-ci ainsi que les populations concernées.

La combinaison de la qualification des objectifs et de la définition des besoins va permettre de définir d'une part l'opportunité réelle des fonctionnalités que l'on vise et d'autre part leur faisabilité d'ensemble. Cette faisabilité concerne aussi bien les aspects financiers, humains, technologiques que de conduite du changement. Les quatre chapitres ci-après détaillent comment, au travers de plusieurs étapes clés, ces différents enjeux vont pouvoir être concrétisés.

La présente introduction permet par ailleurs de rappeler et mettre en perspective l'évolution des services Intranet dans les entreprises. La figure ci-après donne une vision passée, présente et future de ceux-ci. Elle doit vous permettre de positionner à la fois l'Intranet présent dans votre organisation et votre système d'information.

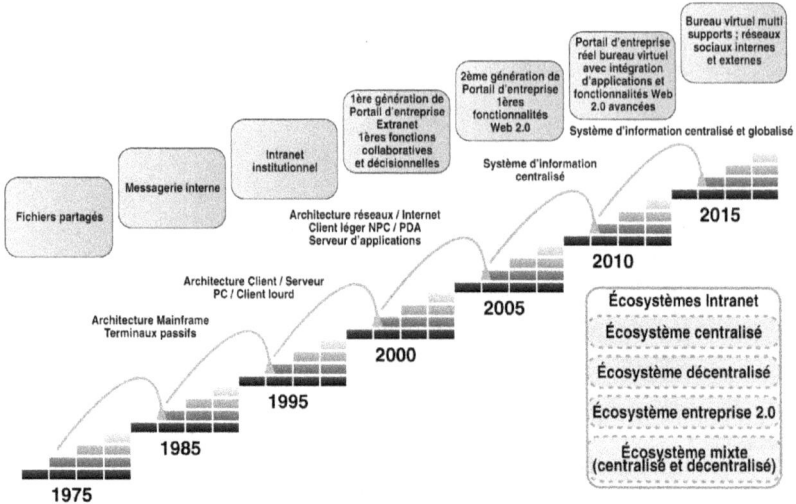

Figure 2 : Évolutions des services et écosystèmes Intranet

On entrevoit très bien ici l'évolution des services et écosystèmes Intranet avec comme ligne directrice forte une dématérialisation progressive des informations et connaissances d'entreprise d'une part et une convergence des solutions applicatives vers des bureaux virtuels multisupports (PC, tablet PC, domicile, etc.) d'autre part. Ces tendances structurelles influencent, comme nous allons le voir, aussi bien certaines stratégies managériales que de système d'information. Au-delà, elles génèrent de nouveaux usages à l'échelle des collaborateurs. Elles témoignent d'une ouverture encore plus marquée des frontières de l'entreprise. Par ailleurs, on verra sans doute apparaître de nouveaux enjeux et phénomènes liés à l'ubiquité ou encore au développement par les collaborateurs de leur propre système d'information personnel (blog, wiki, annuaires d'experts, etc.) qu'ils véhiculeront plus ou moins facilement d'une entreprise à l'autre.

Chapitre 1

Définir et lancer le projet

Bon nombre d'organisations n'en sont plus aujourd'hui à leur premier projet Intranet. Pour lancer un nouveau projet, qu'il soit global ou pas à l'organisation ou synonyme de toilettage d'un Intranet déjà existant, des facteurs clés de succès doivent être réunis pour en faire une réussite ! L'objectif du présent chapitre est aussi de positionner le terme de ce nouvel ouvrage dans une perspective inédite : le concept que nous développons d'écosystème Internet. En effet, le postulat retenu est qu'un écosystème est dorénavant totalement en place autour de l'Internet et que celui-ci influence directement un autre écosystème : l'**écosystème Intranet**… Pourquoi qualifier l'environnement Internet d'écosystème ? Un certain nombre de faits marquants développés ci-après conduisent à l'affirmer…

Quelles sont les influences de l'écosystème Internet sur l'Intranet ? Elles sont en fait multiples :

- habitudes de navigation ;
- effets des innovations numériques développées sur l'Internet ;
- ouverture des frontières des organisations ;
- développement de nouvelles formes de relations sociales internes et externes ;
- accès à de nouvelles bases de connaissances ;
- l'usage de plus en plus fréquent d'Internet par les collaborateurs en dehors de l'entreprise, etc.

Ainsi, certains collaborateurs ont même développé leur propre système d'information sur l'écosystème Internet avec une réputation, des réseaux, des soutiens, une vie sociale, des réussites, des échecs, etc.

Ce premier chapitre donne ainsi un éclairage sur l'environnement dans lequel un projet Intranet est lancé et sur les fondamentaux que les porteurs du projet doivent avoir et conserver à l'esprit. De tels fondamentaux sont de divers ordres :

- stratégique (l'ambition du projet) ;
- en corrélation avec l'alignement avec les termes du projet d'entreprise ; dans la définition d'objectifs à atteindre avec l'implémentation d'une nouvelle solution ;
- dans la méthodologie à suivre ;
- dans les principes de conduite du changement à initialiser, etc.

Enfin, ce chapitre introduit la méthodologie qui servira de guide à cet ouvrage. Alors que les projets Intranet sont orientés par un contexte et des objectifs propres à chaque organisation, il est conseillé de concevoir et retenir un fil directeur robuste et flexible…

Quel environnement pour quel Intranet ?

La corrélation avec le projet d'entreprise

L'environnement dans lequel s'inscrit le projet Intranet est fondamental. Au premier chef, l'inscription du projet dans un contexte organisationnel est essentielle. Aussi est-il très rapidement indispensable de corréler les travaux avec les objectifs stratégiques de l'entreprise et leurs déclinaisons en termes de schémas d'organisation, de politiques managériales et de ressources humaines.

Que le projet soit positionné à une échelle locale, nationale, voire globale, de tels objectifs doivent être connus des porteurs du projet. Cette attention est un gage de cohérence. En effet, grâce à leurs champs d'activités, les Intranet répondent à plusieurs objectifs fonctionnels dans l'entreprise. Ils offrent de nouveaux supports de changement interne et externe et partici-pent en cela au déploiement de nouvelles pratiques managériales :

- mise en œuvre de nouveaux principes de gouvernance ;

- meilleure communication interne ;
- décentralisation des activités et des décisions ;
- réactivité ;
- flexibilité ;
- ouverture des frontières organisationnelles externes et internes ;
- ou encore prise en considération des facteurs temps et géographiques.

Dans cette optique, l'Intranet est l'un des instruments au service de la création de valeur. En effet, il est d'une part l'un des supports de la promotion du projet d'entreprise des dirigeants et d'autre part un levier en termes de performance et de compétitivité, notamment au travers du facteur « ressources humaines ». L'Intranet doit ainsi être corrélé avec le projet d'entreprise et ce pour deux **grandes séries d'objectifs** : en premier lieu, les objectifs de l'Intranet doivent être en ligne avec ceux de l'entreprise ; en second lieu, l'Intranet doit être un support d'un tel projet.

Première série d'objectifs

Cette série d'objectifs concerne la définition des objectifs de l'Intranet en corrélation avec le projet d'entreprise. Le travail préparatoire engagé dans la définition du projet Intranet doit permettre d'identifier les axes déterminants du projet pour le futur Intranet. Dans cette optique, de tels objectifs vont conditionner la stratégie de l'Intranet et ses orientations générales.

BON À SAVOIR

Qualifier les termes du projet d'entreprise utiles pour l'Intranet

Que l'attention portée à l'Intranet soit une création, un renouvellement ou un léger toilettage, l'activité qui en a la charge doit avoir comme ligne directrice les termes du projet d'entreprise. Un exercice de corrélation entre les objectifs de l'Intranet et de tels termes s'avère indispensable !

Seconde série d'objectifs

Ici, il s'agit de prendre en considération le caractère support de l'Intranet au service du développement du projet d'entreprise. En effet, en se donnant comme objectif de concrétiser leur vision stratégique, les dirigeants cherchent à convaincre non seulement le plus grand nombre, mais également à renforcer l'image et l'identité de l'entreprise. Ils visent aussi à la transformer en plans d'actions tangibles et rapidement communicables au plus grand nombre.

L'Intranet est l'un des premiers supports d'une telle quête. Il offre un espace de mémoire (grands métiers de l'entreprise, dates marquantes, grandes valeurs de l'entreprise) et d'information au plus grand nombre. Dans cette optique, un portail Intranet donne, par exemple, une lisibilité des différentes grandes compétences fondamentales de l'entreprise. Les différents métiers peuvent y être représentés. Leur mise en correspondance avec la stratégie suivie est une interface pour les salariés.

Des dimensions fédératrices

Cette double série d'objectifs est synthétisée autour de six dimensions fédératrices.

La **promotion des compétences fondamentales de l'entreprise** : les solutions Intranet sont des supports au service d'une telle promotion. Elles constituent un nouvel espace d'information pour l'entreprise étendue et globalisée.

Le **développement des compétences et des connaissances** : l'Intranet est un catalyseur de connaissances. Il forme de nouvelles plateformes cognitives allant de la discussion à la recherche d'expertise ou à la résolution de problèmes. Quelle que soit leur nature, les compétences croissent, se renouvellent ou s'articulent différemment. Elles sont des gages de changement et d'innovation. L'Intranet doit naturellement être accompagné de principes managériaux traditionnels (formation, séminaire de travail, conduite du changement, système incitatif, etc.).

L'essor d'une culture d'entreprise : il est indispensable dans la concrétisation du projet d'entreprise que les collaborateurs y adhèrent. Ils doivent participer à son évolution en partageant des valeurs, voire une histoire commune. L'Intranet est ici un facilitateur de communication. Il permet que soit diffusée une information globale renforçant cette image interne et un attachement à des valeurs et à des principes.

L'intégration des termes de la globalisation des activités : les plus grandes entreprises se placent dans des marchés pluri-continentaux. L'Intranet offre un vecteur d'intégration des systèmes à des échelles transnationale et multiculturelle.

Le déploiement des réseaux : l'entreprise se positionne de manière croissante au centre de réseaux étendus — d'où l'emploi du terme « entreprise étendue ». Elle est à la fois interconnectée avec ses fournisseurs, ses partenaires ou ses clients. Les stratégies d'entreprise les intègrent de plus en plus dans leur périmètre. L'Intranet décline pour chacun d'entre eux des solutions spécifiques :

- supply chain management ;

- espaces de projet en ligne ;

- customer relationship ;

- plateformes d'achats fournisseurs, etc.

L'essor d'une stratégie organisationnelle : la concrétisation d'un projet d'entreprise doit encore reposer sur une nouvelle stratégie d'organisation. De nouveaux modes de coordination des activités et de nouvelles configurations de processus doivent avoir lieu. L'Intranet dans ce cadre fait à la fois apparaître de nouveaux usages internes et est un support à la clarification des organisations. Il peut aussi proposer de nouveaux médias de dématérialisation des processus.

BON À SAVOIR

Qualifier les zones de l'Intranet au service du projet d'entreprise

Sur la base des termes du projet d'entreprise, il est indispensable d'analyser si le projet Intranet ou l'Intranet existant promeut ce dernier. Une rapide analyse de cette corrélation est un vecteur d'alignement positif ou non… Dans la négative, un travail de fond doit être engagé.

Positionner l'Intranet au cœur du projet d'entreprise signifie aussi que l'entreprise, son organisation et des éventualités en termes d'évolution s'inscrivent dans l'écosystème Internet cité plus haut. En effet, toutes les entreprises — quel que soit leur secteur d'activité — sont incluses aujourd'hui dans celui-ci… Une première caractérisation de ce concept est présentée dans l'arborescence ci-après. On y retrouve un certain nombre d'enjeux fondamentaux de cet écosystème. Bon nombre d'entre eux influencent directement l'Intranet et sa portée dans l'entreprise.

Figure 3 : Caractérisation de l'écosystème Internet – essai

La corrélation avec le plan de développement des systèmes d'information et l'activité système d'information

En complément de l'alignement de l'Intranet au projet d'entreprise, celui-ci doit être en cohérence avec le plan de développement des systèmes d'information. En effet, les technologies et autres applications doivent s'intégrer dans le référentiel de l'entreprise et dans les orientations stratégiques de la Direction des Systèmes d'Information (DSI). Une telle dimension est bien souvent sujette à débat dans l'entreprise : le projet Intranet conditionne-t-il le plan de développement ou inversement ? L'intégration d'Intranet au cœur d'une entreprise renvoie à des modifications organisationnelles majeures. Il en est souvent de même en ce qui concerne les systèmes d'information. Ces derniers, aussi bien dans leur organisation que dans leur architecture technique, s'en voient touchés.

Enjeux d'urbanisme de système d'information et de ressources

Intégrer des modules Intranet dans un projet de système d'information implique qu'ils soient l'une des composantes d'un schéma directeur de système d'information. Mais au-delà, ils influencent d'autres dimensions.

L'intégration dans le plan de développement des systèmes d'information de l'entreprise : il s'agit d'intégrer le projet Intranet dans le plan de développement aussi bien en termes de priorités, de mobilisation de ressources, de choix d'orientations technologiques stratégiques de moyen terme, de projets préalables à l'intégration de l'Intranet ou encore de traitement de passerelles avec des modules connexes.

Les compétences des membres de l'activité système d'information : les responsables de cette fonction et les autres administrateurs se voient souvent confier des technologies nouvelles, dont l'introduction doit être anticipée, notamment grâce à des formations spécifiques.

L'organisation de l'activité système d'information : quelles sont les nouvelles répartitions d'attributions ? Est-il nécessaire d'avoir de nouvelles ressources ? Faut-il externaliser tout ou partie de l'activité ? Autant de questions auxquelles il convient de répondre au cours de la méthodologie de projet. Mais aussi : quels sont les doits des administrateurs sur les différentes bases Intranet ? Quels sont les processus de validation dans le cas d'ajouts, de modifications, etc. ? Nombre de ces processus concerneront la direction générale. Certains outils Intranet touchent des données confidentielles, stratégiques, voire des savoir-faire, sources de différenciation.

La sécurité : l'intégration de systèmes Intranet implique de nouvelles règles de sécurité, voire un plan sécurité. Celui-ci concerne aussi bien les protocoles techniques de sécurité (sécurité antivirale, physique, liée à l'intégrité des systèmes ou des données, Internet, dans les connexions de nomades, de sites distants, etc.), les modes opératoires associés (péremption des mots de passe, plan de nommage des utilisateurs, droits des administrateurs, processus de validation des profils et des droits associés, etc.) que certaines procédures spécifiques (plan de secours, astreintes, etc.).

D'autres contraintes peuvent encore intervenir lors de l'introduction de technologies de **Voix sur IP** (VoIP) qu'il convient de prendre en compte (principes de redondance, intégrité des messages, processus de modification de l'annuaire LDAP, etc.).

Les infrastructures réseaux : l'introduction d'une GED (Gestion Électronique de Documents) ou d'un portail Intranet peut engendrer des consommations de bande passante non négligeables. Les infrastructures réseaux peuvent alors connaître des goulets d'étranglement, des interruptions de service, etc. Des outils adaptés de management de réseaux, qu'ils soient LAN, WAN ou associés à Internet, doivent être présents.

L'architecture centrale : intégrer de nouveaux services Intranet engendre des modifications à l'échelle des architectures centrales et de leur homogénéité. Des systèmes différents peuvent coexister. Des intégrations peuvent avoir lieu. En fonction du caractère global ou non de l'entreprise, des options devront être retenues.

L'assistance aux utilisateurs : l'Intranet nécessite de nouvelles formes de supports aux utilisateurs. Il est ainsi indispensable d'intégrer cette réflexion par le biais de centres d'appels, réels centres d'assistance et de résolution des problèmes Intranet.

Vers un nouveau système d'information

La mise en place de systèmes Intranet modifie donc intrinsèquement aussi bien les architectures en place que les principes organisationnels associés à l'activité système d'information. Des besoins en ressources humaines peuvent émerger. Ils doivent être quantifiés et définis. Ils peuvent concerner de nouvelles fonctions ou encore heurter certaines cultures internes présentes dans les équipes techniques.

Au-delà de ces aspects, l'Intranet ainsi que ces modules doivent être intégrés dans un plan de système d'information global. Ce dernier doit prendre en considération les investissements à venir et les charges de fonctionnement associées (maintenance, honoraires divers, assistance, tierce maintenance applicative, etc.).

© Groupe Eyrolles

Enfin, comme les méthodologies de projet le présentent ci-après, l'Intranet ouvre l'activité système d'information vers d'autres fonctions de l'entreprise. Elles sont ainsi en relation principalement avec les directions générales, les directions de la communication ou encore les directions des ressources humaines et enfin de plus en plus des directions en charge de la modernisation et de la gouvernance interne.

Quels bénéfices escompter ?

Un levier de performance interne

L'Intranet, avec son degré de couverture des activités et des fonctions de l'entreprise et sa réponse aux objectifs organisationnels et fonctionnels, est un levier de performance interne. Il offre de nouveaux champs de progrès dans le domaine administratif, mais pas uniquement. Il assure des gains de productivité, voire des économies d'échelle. Globalement, il inscrit l'entreprise dans de nouvelles sources de compétitivité.

Ainsi, pour améliorer sa compétitivité, l'entreprise est en mesure, grâce à l'Intranet, de mieux maîtriser ses coûts liés à l'information (en réduisant par exemple ses frais de déplacement, ses coûts de diffusion, de stockage, etc.) et de rationaliser son organisation avec l'utilisation de bases de connaissances communes à plusieurs départements, activités, pays, etc. Le partage de l'information et la mise en commun des connaissances constituent les outils indispensables pour améliorer la réactivité.

Par ailleurs, pour que le client soit au cœur des projets, l'entreprise doit investir dans les fonctionnalités de coordination, de partage et dans la connaissance aussi bien du client que de la gestion de la qualité. L'Intranet est un support de choix pour de telles exigences.

Enfin, pour accompagner les salariés dans les mutations que suppose l'évolution de l'économie, l'Intranet joue un rôle particulier. Il permet de créer un espace de liberté de parole et d'information en temps réel. Il contribue à développer l'esprit de confiance et de mobilisation de tous les salariés. Dans un tel cadre, des communautés de savoirs peuvent émerger — communauté de pratique et autre *ba*, créé par les enseignants japonais en management Nonaka et Konno —, réels terreaux fertiles pour le partage de bonnes pratiques et autres innovations.

Un vecteur de transformation de l'organisation

Ces nouvelles sources de compétitivité démontrent que l'Intranet est devenu un enjeu stratégique pour l'entreprise et ses salariés. Dans cette veine, il est nécessaire de qualifier la performance à atteindre et d'évaluer les résultats.

L'Intranet est également un vecteur de transformation de l'organisation. En effet, il se place au cœur d'une double boucle itérative. Les deux extrémités sont formées d'une part par les nouveaux besoins émanant de l'entreprise et d'autre part par les nouveaux usages découlant de l'Intranet. La figure suivante synthétise cette double dimension.

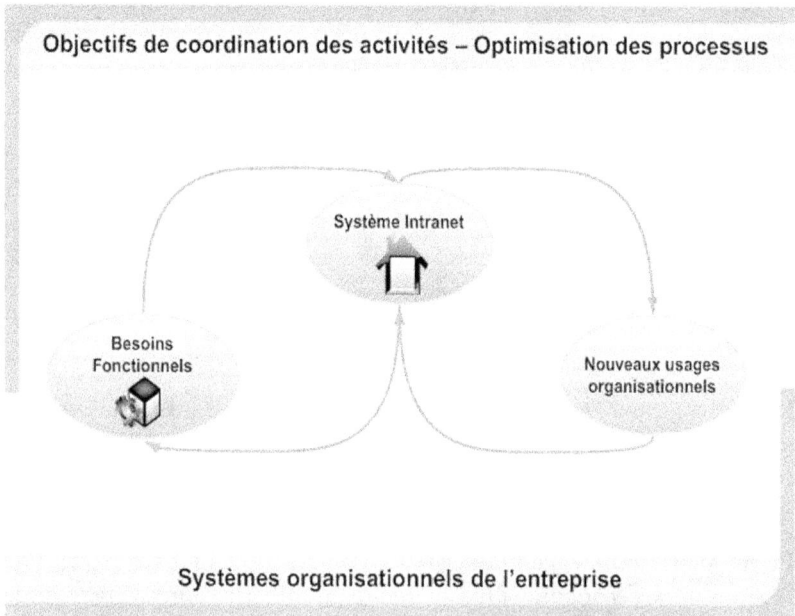

Figure 4 : Principaux enjeux du couple « fonctionnalités et usages »

Les choix des modules de l'Intranet sont directement conditionnés par des contraintes organisationnelles. Les contraintes liées au système d'information interviennent au second plan. Une fois mises en place et même au cours de leur déploiement, elles influencent les systèmes organisationnels de l'entreprise. Elles les façonnent en fonction de l'étendue de leurs possibilités tout en laissant une plage d'autonomie aux utilisateurs.

En modifiant les systèmes organisationnels, l'Intranet répond à une ouverture croissante des frontières internes et externes de l'entreprise. Des échanges plus importants interviennent entre les différentes entités qui les composent, qu'elles soient hiérarchiques, transversales ou communautaires, dans un seul site ou plusieurs.

En privilégiant une dématérialisation des flux de manière plus ou moins structurée, le management de l'entreprise cherche à accroître une nouvelle réactivité. Celle-ci conditionne toute l'organisation, quelles que soient leurs cibles, à savoir des clients internes ou externes.

Contrairement aux échanges traditionnels issus des processus opérationnels de l'entreprise, l'Intranet crée des multitudes d'espaces ou des plateformes cognitives d'échanges, réelles passerelles entre collaborateurs. Pour les uns, ils sont des lieux de capitalisation, pour les autres des lieux de discussions, de recherches d'expertises, etc., en d'autres termes, de collaboration. Dans chacun des cas, des interactions sociales s'effectuent de manière synchrone ou non, des actions exécutées à la suite, des compétences sont enrichies et des évaluations effectuées.

ILLUSTRATION

Des *ba* de Nonaka aux espaces d'échanges d'IBM North America

La conférence organisée en novembre 2007 sur les enjeux du management de la connaissance par le Centre de transferts de technologies CEFRIO au Québec (www.cefrio.qc.ca) a mis en lumière l'exemple des interactions sociales virtuelles au sein des équipes d'IBM North America *via* la notion de « *jamming* »… L'Intranet au travers d'outils variés favorise les échanges en temps réel, ceux de bonnes pratiques, et la promotion de succès internes. Cela s'apparente fortement aux espaces de connaissances japonais *ba* cités plus haut !

Dans cette optique, des fertilisations croisées apparaissent entre des entités aux finalités différentes. L'Intranet, contrairement aux solutions de gestion traditionnelles de type ERP, reste ouvert au plus grand nombre. Il n'existera pas dans de tels systèmes de barrières à l'entrée. Si la fonction de l'individu ne conditionne pas son accès à l'outil, elle peut, il est vrai, conditionner son accès au contenu.

En s'inscrivant en corrélation avec le projet d'entreprise d'une part et le plan de développement des systèmes d'information d'autre part, l'Intranet devient un écosystème à part entière, dans la mesure où il se nourrit de ces deux dimensions stratégiques pour l'entreprise. Il se situe en outre au cœur même de l'organisation et des besoins en information, connaissances et outils des collaborateurs…

L'**écosystème Intranet** est naturellement ouvert, car il est connecté – de manière plus ou moins sécurisée – à l'Internet et à des réseaux de partenaires, mais aussi dynamique, car il n'est pas statique et se régénère constamment par l'autonomie donnée aux utilisateurs dans leur utilisation, leurs mises à jour et les nouveaux usages qu'ils développent… Il forme dans l'entreprise un environnement inédit qui complète celui des relations de travail traditionnelles…

Figure 5 : Les principaux termes de l'écosystème Intranet

Par nature, il relève d'un fonctionnement interne de l'organisation. On peut voir apparaître dans certaines organisations des tensions entre l'écosystème

Internet et l'écosystème Intranet : en effet, le premier est ouvert, mais le second peut ne pas l'être et être synonyme de centralisation…

Définir les termes du projet

Les conditions de succès

Une gestion de projet plurielle

Connaître avec exactitude les étapes que l'on va suivre dans le cadre d'un projet Intranet n'est plus suffisant. Il est indispensable pour l'issue du projet de déterminer un ensemble de pré-requis, de conditions et plus globalement d'objectifs à atteindre.

Réussir un projet Intranet ne doit pas non plus omettre la conduite du changement inhérente à ce type d'action. Elle prend toute sa mesure dans la démarche poursuivie. En effet, au regard des besoins fonctionnels évidents ou émergents, les utilisateurs doivent être associés. Ils en sont les principaux acteurs. Une telle conduite du changement passe nécessairement par une communication adaptée, des dimensions incitatives, des motivations particulières, etc. Ces aspects doivent rester à l'esprit des dirigeants et des intervenants.

La dynamique engagée ne doit pas négliger non plus la variété des matières premières à prendre en compte (contenus textuels, documents bureautiques, contenus multimédias, contenus techniques de type plans, etc.). Une catégorisation fine doit être effectuée. Il en est de même pour les processus et autres flux d'information conduisant à la production, à la diffusion ou encore à la capitalisation de telles informations. Aussi, la phase de préparation d'un projet Intranet doit-elle à la fois permettre d'identifier les objectifs attendus et de définir avec le plus d'exactitude possible les schémas de fonctionnement du projet. Un ensemble de conditions ayant trait aussi bien à la précision des objectifs, aux modes d'organisation du projet qu'aux risques éventuels à anticiper est applicable.

L'Intranet implique des tâches de programmation, de pré-étude et de pilotage dont il ne faut pas faire l'économie. Des recommandations sont effectuées. Elles visent à introduire non seulement les modèles d'ingénierie de projet, mais aussi les dimensions managériales et organisationnelles à prendre en compte.

Créer du sens pour les utilisateurs cibles

Réussir un projet Intranet nécessite la prise en compte d'enjeux spécifiques à traiter dès l'origine du projet en les présentant aux différents intervenants. L'un d'entre eux concerne le vocabulaire. Les membres de chaque entité emploient un langage technique, voire leur propre jargon. L'Intranet sous-tend aussi bien des discours génériques que des jargons locaux, voire l'usage de terminologies techniques. Ces différences apparentes doivent être lissées par la présentation des différents termes techniques utilisés, avec la distribution de listes de mots clés. Dans la même veine, une présentation de réalisations concrètes issues de recherches sur Internet ou de publications peut être utile.

Un autre enjeu de la mise en place d'un Intranet ou de sa nouvelle version a trait aux utilisateurs « cibles ». Ces systèmes doivent être une source de valeur ajoutée pour l'entreprise d'une part et pour les utilisateurs d'autre part. Ces derniers doivent percevoir un avantage intrinsèque à utiliser de nouveaux outils. Les utilisateurs « cibles » peuvent appartenir à deux périmètres : interne ou externe à l'entreprise. Ainsi, trouve-t-on dans l'entreprise des « utilisateurs décideurs » et des « utilisateurs managers ». Les premiers occupent des fonctions de décisions élevées. Les seconds dirigent aussi bien des directions fonctionnelles, des services que des équipes. D'autres catégories existent aussi : les « utilisateurs experts » et les « utilisateurs opérationnels ». À l'extérieur des frontières de l'organisation, d'autres utilisateurs peuvent être associés :

- clients ;
- fournisseurs ;
- partenaires (centre de recherche, centre de formation, etc.).

Enfin, contrairement à d'autres applicatifs, il est essentiel de privilégier l'ergonomie et la convivialité des systèmes visés. Ainsi, les membres du comité de pilotage doivent garder à l'esprit la simplicité des navigations et des accès immédiats à l'information.

Les acteurs clés

Les intervenants

Dès lors qu'il est envisagé comme un projet d'organisation, le projet Intranet concerne la direction générale de l'entreprise. Il est ainsi indispensable que cette dernière participe aux différentes phases du projet. Elle doit aussi bien assurer des arbitrages, diriger certaines réflexions que traiter des questions d'ordre organisationnel ou financier. En fonction du périmètre du projet, d'autres directions sont incluses : direction administrative et financière, direction des ressources humaines, direction technique, etc.

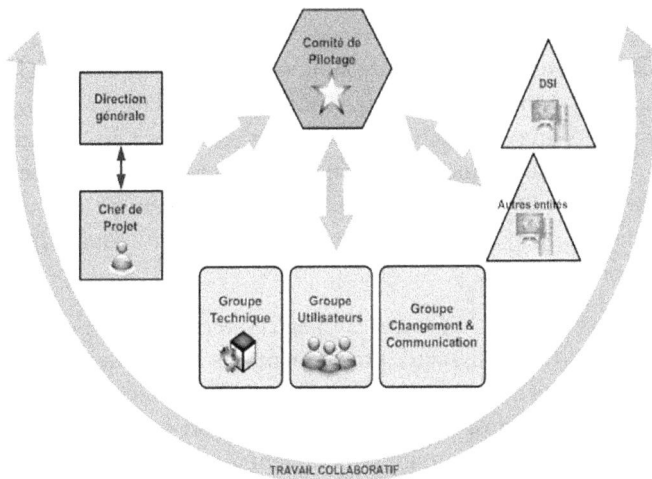

Figure 6 : Le triptyque d'organisation du projet Intranet

La règle générale est la suivante : plus le projet possède un périmètre concis, plus le nombre d'intervenants provenant d'une pluralité de groupes fonctionnels est faible. À l'inverse, dans le cadre d'un projet de portail d'entreprise, une diversité de représentants doit être prise en compte.

Le chef de projet possède les attributions traditionnelles d'un manager de projet. Néanmoins, d'autres impératifs viennent enrichir sa fonction. En effet, il va être à la fois membre d'une équipe projet travaillant sur la conception d'un produit (l'Intranet) et une interface vers des directions fonctionnelles. Il va ainsi devoir traiter des aspects organisationnels, liés aux ressources humaines, aux architectures techniques, etc. Le chef de projet doit pouvoir piloter un triptyque opérationnel direction générale/ comité de pilotage/groupes de travail indispensable dans la concrétisation du projet. Les différentes catégories d'intervenants s'inscriront dans l'une ou l'autre de ces entités.

Les objectifs

Les objectifs ne sont pas les mêmes pour ces différentes entités.

Le comité de pilotage, composé d'un membre de la direction générale, du chef de projet et d'un responsable de chacun des autres groupes, constitue l'instance de décision du projet Intranet. Selon les projets, la direction des ressources humaines ou une direction technique sont représentées. Ce comité est le garant du respect des objectifs et des délais. En prenant dans certains projets une dimension organisationnelle, il revêt un caractère stratégique. Il prend alors une dimension complémentaire : il anticipe et définit les principes organisationnels associés au déploiement des solutions. Dans certains projets, il forme un comité à part entière : comité Intranet et organisation.

Le groupe utilisateurs, lui, forme un lieu d'interactions et de création de connaissances. Les utilisateurs proviennent des différents groupes fonctionnels et équipes concernés par l'Intranet « cible ». Leur fonctionnement repose sur des itérations. Les membres sont force de propositions et formalisent en cela des « fiches actions » représentant un ou plusieurs modules Intranet. Dans certains projets, plusieurs groupes utilisateurs interviennent simultanément dans la réalisation de plusieurs parties.

Quant au groupe technique, il s'attache aux architectures techniques et sécurité d'un projet Intranet et formalise des scénarios d'architectures techniques. Des cahiers des charges spécifiques sont rédigés.

Enfin, le groupe « changement et communication » veille à anticiper les externalités induites aussi bien au cours du projet que lors de la mise en ligne de l'Intranet. Il s'attache aux préparations progressives des utilisateurs aux changements à venir. Des actions de sensibilisation, de motivation et de promotion sont programmées.

Chacun de ces groupes est piloté directement par le chef de projet. Ce dernier peut être secondé par un ou plusieurs chefs de projet « métier ». D'autres groupes plus spécialisés peuvent compléter cet ensemble. L'objet n'est pas toutefois de développer une organisation de projet tentaculaire. Il s'agit bien plus de mettre en correspondance l'existence des groupes avec les dimensions de l'Intranet « cible ».

Le pilotage projet

La diversité des projets Intranet — qu'ils soient associés à une gestion de contenu, à des outils GED, ou encore à un portail — renvoie à une pluralité de contextes, d'objectifs et au final d'intervenants. Le chef de projet doit ainsi privilégier une méthodologie de projet définie et connue de tous. Pour atteindre un tel objectif, le chef de projet doit mettre en œuvre des règles de fonctionnement claires. Plusieurs modèles de phasage des étapes du projet existent avec deux grands courants : les modèles séquentiels et les modèles d'ingénierie simultanée. En outre, des modèles hybrides existent qui combinent des logiques séquentielles et des sous-étapes en ingénierie simultanée.

Dans la mesure où plusieurs entités de projet cohabitent lors du cycle de vie du projet, le pilotage peut ne pas être aisé. Retenir à la fois un cadre de fonctionnement et des outils génériques et spécialisés s'avère indispensable. En voici les principaux éléments.

Communiquer

Dès l'initialisation du projet, il est indispensable de formaliser un plan de communication interne adapté. Un nom peut être donné au projet et un espace dans l'Intranet existant peut être mis en place.

Gérer et organiser le temps

Sur la base de la méthode retenue, le chef de projet doit définir à la fois des objectifs de délais pour chacun des groupes de travail, préciser les jalons de chaque étape et estimer la charge des différents intervenants. Il peut recourir à des techniques de planification : réseaux PERT, diagrammes de GANTT, etc.

Opter pour un plan qualité

Un projet Intranet implique parfois des durées de travail s'échelonnant sur plusieurs semestres. Il est essentiel de préciser dans un document les modalités du développement du projet : objectifs visés, principes de contrôle, principes de diffusion d'information, organisation des groupes de travail, coordonnées de chacun, responsabilités et rôles des acteurs du projet, méthodes et outils utilisés, etc.

Construire des tableaux de bord réels, cockpits du projet

On y trouve un suivi des actions individuelles et de celles associées au projet dans son ensemble. Des logiciels comme Microsoft Project peuvent assurer pour partie de tels reportings. Des suites bureautiques peuvent le compléter.

Établir des états d'avancement réguliers

Le projet Intranet peut impliquer aussi bien l'organisation de l'entreprise, d'un site particulier que celle d'une division. Des points d'étape oraux et formalisés qui conditionnent les arbitrages et les décisions tout au long du cycle de vie du projet doivent être effectués

Capitaliser l'information et la connaissance

Dans leurs travaux, les groupes produisent des connaissances. Les membres interagissent, explorent des pistes et formalisent des comptes-rendus, des schémas de fonctionnement, etc. En fonction de la taille du projet, du nombre d'intervenants, de leur origine fonctionnelle et géographique, des solutions plus ou moins évoluées doivent être déployées. Elles comprennent des partages bureautiques sécurisés (partage de fichiers au moyen d'une organisation en dossiers bureautiques) ou des outils Intranet de gestion de projet décrits plus haut. Ceux-ci conditionnent à la fois la mémoire organisationnelle du projet et l'irrigation des différents groupes fonctionnels concernés.

Manager les apprentissages organisationnels

Les principaux groupes spécialisés modifient intrinsèquement les normes organisationnelles. En effet, ils sont amenés à évaluer et faire évoluer des principes liés à l'organisation, au système d'information, à la communication interne, etc. Dans cette optique, des apprentissages organisationnels s'opèrent aussi bien à l'intérieur des groupes que par les fertilisations croisées accomplies par leurs membres dans leurs groupes fonctionnels d'origine.

Une ligne rouge projet

Le présent ouvrage est axé sur une « ligne rouge projet » présentée ci-après. De chapitre en chapitre, les dimensions devant vous permettre de concevoir votre Intranet seront présentées et mises en perspective. Quatre phases principales ont été retenues. Elles alternent des périodes projet séquentielles et d'autres simultanées.

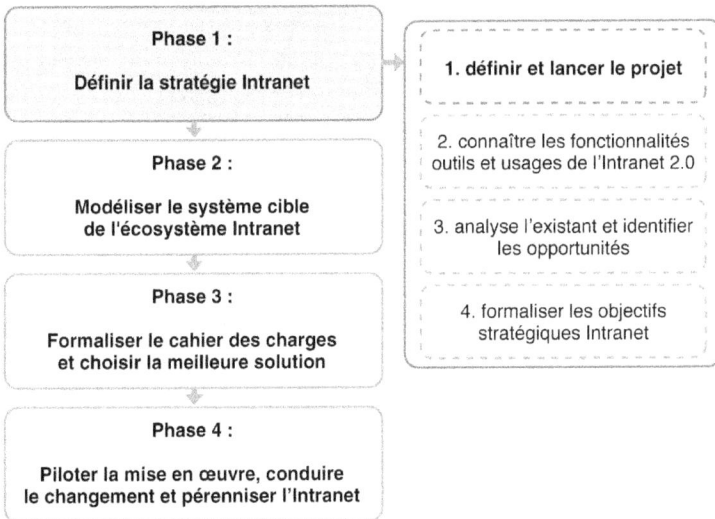

Phase 1 :
Définir la stratégie Intranet

1. définir et lancer le projet

Phase 2 :
Modéliser le système cible de l'écosystème Intranet

2. connaître les fonctionnalités outils et usages de l'Intranet 2.0

3. analyse l'existant et identifier les opportunités

Phase 3 :
Formaliser le cahier des charges et choisir la meilleure solution

4. formaliser les objectifs stratégiques Intranet

Phase 4 :
Piloter la mise en œuvre, conduire le changement et pérenniser l'Intranet

Initialiser la conduite du changement

L'Intranet ne se substitue pas aux relations humaines traditionnelles. En revanche, celles-ci peuvent engendrer des changements conséquents dans les tâches quotidiennes des collaborateurs, voire au-delà dans ce que l'on nomme leurs usages. Les paragraphes suivants mettent en exergue leurs principales implications à l'échelle des utilisateurs et les actions correspondantes à mettre en œuvre.

L'utilisateur au cœur de la démarche

Que la gestion de projet ait pour cible le choix et le déploiement de solutions portail, d'une gestion électronique de documents ou d'un espace métier donné, les utilisateurs doivent *in fine* apprécier un changement. Celui-ci doit être perceptible pour les collaborateurs aussi bien dans leurs fonctions quotidiennes que dans leurs échanges au sein de l'entreprise. Les solutions retenues doivent ainsi apporter des accès privilégiés à des informations, à d'autres collaborateurs ou à des outils spécifiques de coordination.

En plaçant les collaborateurs au centre de la démarche, il est indispensable d'analyser leurs besoins et leurs contraintes. La personnalisation des services qui leur seront mis à disposition dépendra de tels travaux. Par ailleurs, en fonction de l'Intranet visé, certains utilisateurs pourront voir leurs attributions évoluer. Ils pourront, par exemple, devenir des producteurs d'information, des valideurs, etc. En appliquant une telle logique, la direction générale doit viser la motivation des ressources humaines. Les actions d'information et de formation décrites ci-après entrent dans cette perspective.

De nouvelles attributions pour certains collaborateurs

Alors que les solutions de messagerie n'impliquent pas de tâches particulières, les workflow, les outils de CMS (Content Management System), les outils de gestion documentaire ou les rubriques d'un portail nécessitent la définition de responsabilités. Celles-ci s'appliquent aussi bien à des échelles individuelles que collectives. Dans le premier cas, des collaborateurs prennent à leur charge une action donnée liée à l'Intranet. Dans le second cas, des groupes spécialisés sont constitués pour assurer des responsabilités collectives. Les fonctions ci-après correspondent principalement aux tâches associées au portail.

La méthodologie de projet doit donc anticiper la description des nouvelles responsabilités, conséquences de l'intégration d'outils Intranet. Les travaux des groupes utilisateurs décrits précédemment voient dans leur objectif ce type de travaux. Ils définissent, en lien avec le groupe technique et le comité de pilotage, des profils utilisateurs. Ces derniers possèdent des droits à plusieurs échelles : quant à la station de travail, liés au partage bureautique, dans le portail, etc.

Intégrer les utilisateurs externes de l'entreprise étendue

L'une des conséquences des manifestations de l'entreprise étendue est l'accroissement de coopérations non uniquement fondées sur les relations marchandes. En effet, de nouvelles formes d'interactions émergent : participation à des programmes de recherche sur de nouveaux produits entre un donneur d'ordre et des fournisseurs, mise à disposition d'informations auprès de partenaires au moyen d'un portail Extranet, etc. Dans chacun de ces cas, une nouvelle catégorie d'utilisateurs doit être prise en compte. Leur accès au système d'information de l'entreprise doit être anticipé. Des profils et des droits doivent leur être associés. Ceux-ci voient parfois leurs autorisations connaître une date de péremption.

L'introduction d'une culture du changement permanent

Le déploiement d'un Intranet implique une réelle conduite du changement. Il est ainsi nécessaire d'en informer les utilisateurs de tous horizons bien en amont. À ce propos, une information *via* le canal du journal interne de l'entreprise peut être donnée au cours de la phase de démarrage de projet. Un concours pour trouver un nom à l'Intranet peut également être organisé. Des réunions d'information auprès des décideurs de l'entreprise puis à destination de tous les collaborateurs doivent être programmées pour y présenter les finalités de l'Intranet. On peut imaginer que soit distribué à chaque futur utilisateur un « objet Intranet » (tapis de souris, etc.), voire des outils de productivité (petit totem avec les principales fonctionnalités et des aides, etc.).

Le caractère essentiel de la conduite du changement s'inscrit enfin dans l'**écosystème Intranet** décrit. En effet, étant donné que l'utilisateur de l'Intranet est un acteur essentiel de son succès, de son approvisionnement et de sa dynamique, il est primordial qu'il ait adhéré aux enjeux et fonctionnalités définis dans le cadre du projet.

L'ESSENTIEL À RETENIR

Les facteurs clés de succès d'une définition de projet réussie sont les suivants :

- ✓ Définir les termes du projet Intranet par un alignement avec le projet d'entreprise et la définition d'une ambition.
- ✓ Savoir engager une dynamique autour du projet en visant l'adhésion du plus grand nombre.
- ✓ Garder à l'esprit qu'un projet Intranet n'est plus un projet technique, mais avant tout un projet au service d'une organisation avec des enjeux d'organisation et humains.
- ✓ Utiliser l'Intranet tel un vecteur d'un projet d'entreprise, un levier de communication, d'identité, facilitateur, etc.
- ✓ Anticiper que les services définis et les usages qui en découleront s'intègrent dans un ensemble : l'écosystème Intranet, où l'utilisateur se situe au cœur.
- ✓ Structurer la réussite du projet autour d'objectifs tangibles et de bénéfices attendus.
- ✓ Modéliser les structures du projet en corrélation avec vos ambitions, la complexité connue et les variétés des fonctionnalités visées.
- ✓ Initialiser très tôt les termes d'une conduite du changement.
- ✓ Suivre un fil rouge projet connu de tous et dans des délais raisonnables, évitant ainsi tout effet tunnel.

Chapitre 2

Connaître les fonctionnalités et outils de l'Intranet 2.0

L'enjeu principal de l'Intranet est d'apporter des fonctionnalités support au fonctionnement de l'entreprise. Un certain de nombre d'entre elles, comme la gestion de contenu, le partage documentaire ou la dématérialisation de processus simples ont atteint un certain niveau de maturité. En effet, ces solutions sont opérationnelles dans les organisations depuis le début des années 2000 et un premier retour sur investissement est constaté. En parallèle, apparaissent aujourd'hui sur le marché des offres proposant des fonctionnalités Intranet issues du Web 2.0 : blog interne, wiki, réseau social, etc.

L'objectif de ce chapitre est double : présenter les fondements du concept d'Intranet 2.0, puis établir un panorama des principales fonctionnalités Intranet, qu'ils s'agissent d'outils matures à la valeur ajoutée démontrée ou des solutions émergentes et innovantes du Web 2.0, mais pour lesquelles les retours d'expérience restent limités.

Du Web 2.0 à l'Intranet 2.0

Le Web 2.0 compte trois fondements. Tout d'abord, il dispose d'applications Web riches (RIA). Il s'agit d'améliorer l'expérience utilisateur au moyen de nouvelles technologies (ajax par exemple) pour répliquer dans un navigateur une expérience digne d'une application « client lourd ». En outre, son architecture est orientée service. Ainsi, les contenus et les services des sites sont ouverts pour pouvoir être réutilisés et recombinés à l'infini par n'importe qui (API GoogleMap par exemple). Enfin, c'est un « social Web » : l'implication de plus en plus participative des utilisateurs au moyen d'outils d'expression a remis l'humain au centre du débat.

Figure 7 : Les trois fondements du Web 2.0 (source : Laurent Goffin, www.gwix.net)

Encore une définition du Web 2.0 ?

Tout le monde a entendu parler du Web 2.0, voire tout le monde en parle. C'est peut-être parce que cette appellation est avant tout un terme de communication inventé en 2004 par des professionnels américains du secteur, Dale Dougherty, Craig Cline et Tim O'Reilly — un des plus grands communicants du Web —, lors d'une réflexion sur des thèmes de conférences. Il signifie la renaissance après les désillusions de l'éclatement de la bulle Internet début des années 2000.

Haro sur les idées reçues

Comprendre le Web 2.0 permet tout d'abord d'écarter certaines idées reçues. Ainsi, il ne s'agit pas de technologie : bien que composé de nombreuses évolutions technologiques, le Web 2.0 ne repose pas que sur des fondements de cette nature.

En outre, le Web 2.0 n'est pas une révolution : il ne s'agit pas d'un brutal passage de version 1.x à 2.0, mais d'une évolution progressive. Par exemple les « commentaires clients » sur les produits Amazon.com, où le client informe les autres acheteurs potentiels, existent depuis 1995.

Enfin, le Web 2.0 n'est heureusement pas que du marketing : ce terme a souvent été utilisé pour faire vendre. Or, cette exploitation marketing a participé à le décrédibiliser. Nous tâcherons ci-après de montrer que le Web 2.0 correspond vraiment à une réalité.

Deux approches complémentaires

En fait, parmi les nombreuses tentatives de définition du Web 2.0, deux approches se complètent : l'une centrée sur les usages sociaux, l'autre focalisée sur les technologies. Cependant, toutes s'accordent pour désigner le Web 2.0 comme un socle d'échanges entre les utilisateurs et les applications en ligne. Le Web 2. 0 représente une transition de l'univers isolé des sites Web fermés vers des flux de contenus libres et de services ouverts basés sur une plateforme Web développée dans des technologies autorisant une interaction totale entre le visiteur, le site lui-même et les visiteurs entre eux.

De plus, dans sa dimension sociale, le Web 2.0 se traduit par l'émergence de **nouvelles formes d'interactivité qui placent l'utilisateur et ses relations aux autres au centre de l'internet**. En effet, le Web 1 « descendait » vers l'utilisateur pour lui proposer des contenus et des services en ligne. Le Web 2.0, lui, se définit comme plus interactif, social et collaboratif. L'internaute contribue à enrichir le contenu du Web et le partage au sein de ses réseaux sociaux.

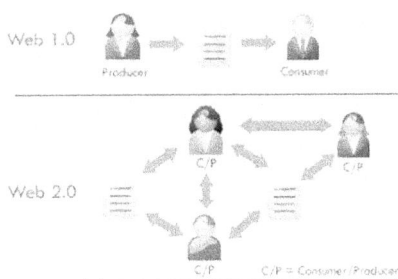

Figure 8 : L'internaute, acteur central du Web 2.0 (Source : http://webilus.com)

Et l'Intranet 2.0 ?

Internet et Intranet partagent des technologies communes, mais se distinguent par des populations utilisateurs différentes. En effet, contrairement à l'Internet, les utilisateurs Intranet correspondent à une population bien identifiée, appartenant à une même organisation. Pour cette raison, les contenus diffusés en Intranet répondent à des objectifs bien différents de l'Internet (voir chapitres 1 et 4). Cependant, les fonctionnalités nécessaires sont souvent proches : permettre de publier de l'information sous forme de page Web, de gérer des interactions et collaborer en ligne, etc. Par ailleurs, les collaborateurs qui sont utilisateurs et acteurs du Web 2.0 à titre personnel, cherchent à retrouver dans l'entreprise des outils en ligne aussi performants et pratiques que ceux qu'ils utilisent au quotidien sur Internet. Le collaborateur qui, à titre privé, utilise Facebook.com aura du mal à concevoir qu'il soit si difficile de retrouver les coordonnées d'un collaborateur dans l'annuaire d'entreprise Intranet…

La convergence des besoins fonctionnels et de la proximité technologique entre Internet et Intranet a ainsi favorisé l'usage progressif en interne à l'entreprise (c'est-à-dire en Intranet) d'outils issus du Web 2.0 tels que les blogs, wiki ou réseaux sociaux. L'intranaute devient lui aussi l'acteur principal de l'Intranet 2.0. Il n'est plus un simple consommateur, mais contribue à enrichir les contenus, personnalise la manière dont il accède à l'information, tisse des liens avec ses collaborateurs, s'exprime, partage, juge, etc.

Les fonctionnalités Intranet « à maturité »

Portail, gestion de contenu, partage documentaire, travail collaboratif, eServices : les outils essentiels de l'Intranet sont présentés ici sous l'angle fonctionnel. L'approche applicative et technique est exposée dans le chapitre 2 de la partie 2, « Modéliser l'architecture technique, sécurité et applicative ».

La notion de « portail »

La dimension « portail » fait de l'Intranet la clé de voûte, la porte d'entrée du système d'information de l'entreprise. Historiquement, le terme « portail » ne couvrait que la fédération de contenus et la redirection : avoir depuis une page unique accès à un panel d'informations contenues dans différentes rubriques ou sites. Progressivement, le « portail » s'est étendu aux services et applications du système d'information : lancer des applications depuis l'Intranet, voire intégrer directement des vues ou des données issues d'applications métier dans le portail Intranet. Aujourd'hui, le portail constitue pour chaque utilisateur un front office d'accès personnalisé et personnalisable aux ressources du système d'information de l'entreprise. Le schéma suivant présente les contenus et services du système d'information pouvant être intégrés dans le portail, les capacités de traitement opérées par le portail et enfin les gains pour l'utilisateur.

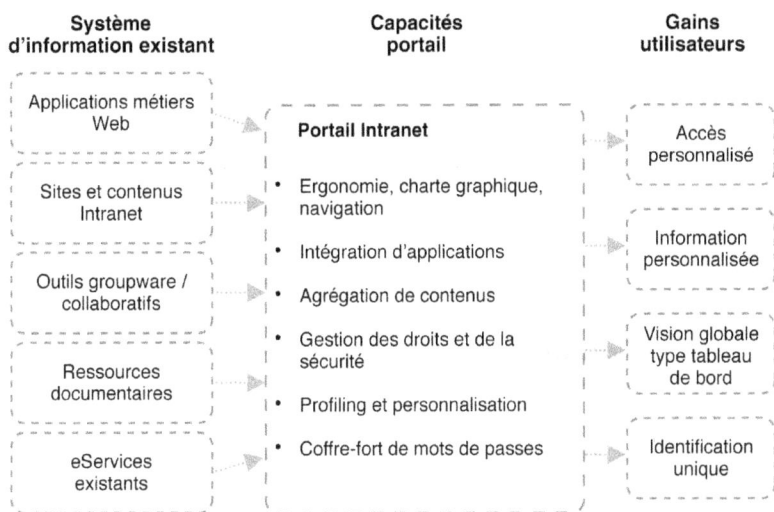

Figure 9 : Les caractéristiques du portail d'entreprise

Ci-après un focus sur les principales caractéristiques d'un portail.

Capacités d'intégration et d'agrégation

Le portail doit permettre de fédérer l'accès aux applications métiers et aux contenus du système d'information :

- redirection : liens qui ouvrent l'application dans son client natif (Web ou lourd) ;
- fédération de contenus et widgets Web : capacité à agréger et restituer des flux de contenu (type XML comme le RSS par exemple) ;

- encapsulation d'application : possibilité d'encapsuler le front office d'une application Web, dont la charte graphique aura été optimisée ;
- intégration par Web services : capacité à échanger des données par Web services ;
- intégration par portlet : capacité à intégrer des portlets associés à des applications tierces.

Personnalisation

Le portail doit fournir à l'utilisateur un accès personnalisé (personnalisation implicite) et personnalisable (personnalisation explicite). La personnalisation implicite signifie des contenus et des outils ciblés en fonction des appartenances métier et communautaires de l'utilisateur, sur un principe de gestion des droits réalisés par les administrateurs fonctionnels. La personnalisation explicite, elle, désigne une personnalisation paramétrée directement par l'utilisateur en fonction de ses préférences et besoins particuliers.

Gestion des droits et de la sécurité

Le portail apporte une couche de sécurité à l'ensemble des contenus et applications qu'il fédère. Une gestion des droits permet de définir pour chaque utilisateur ou groupe d'utilisateurs les contenus accessibles, modifiables, personnalisables, etc. Le portail peut ainsi compléter la gestion des droits propres à chaque applicatif intégré à l'Intranet, sans pour autant s'y substituer.

La gestion de contenu

La gestion de contenu regroupe l'ensemble des fonctionnalités permettant la création, la validation, la mise à jour et la présentation d'informations sous forme de **pages Web**. Il s'agit ainsi d'un outil fondamental, support à la gestion de la majorité des pages de l'Intranet. Les attentes principales par rapport à un outil de gestion de contenu ou CMS sont :

- permettre la mise à jour décentralisée, par des non-informaticiens ;
- déparer le fond (le texte) de la forme (la police, taille, couleur, etc.) ;
- structurer le contenu (titre, sommaire, paragraphe, illustration, etc.) ;
- organiser et catégoriser les contenus (gestion de l'arborescence, gestion de catégories ou « tags ») ;

- gérer les contributions et processus de validation (gestion des droits de rédaction et des circuits de validation) ;
- gérer le cycle de vie des contenus (date de publication, date d'archivage, etc.).

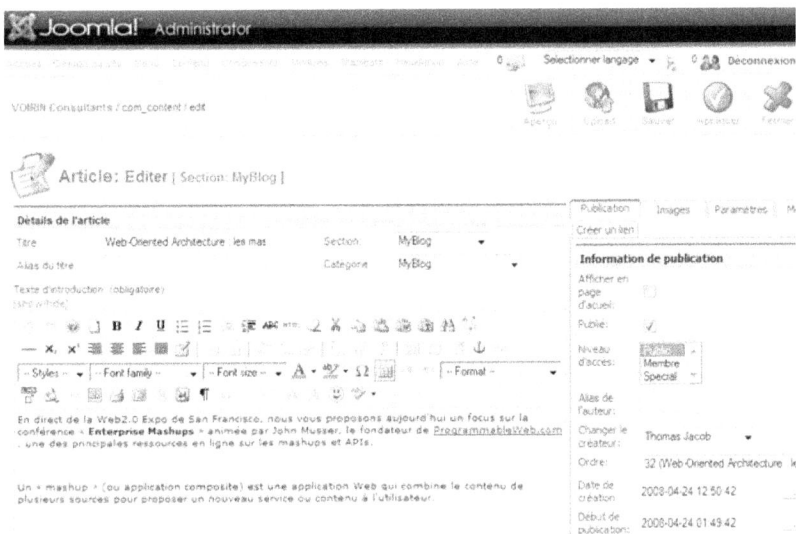

Figure 10 : Exemple de publication de contenu avec le CMS open source Joomla

Certains besoins et/ou contextes demandent à ce que la réflexion sur les fonctionnalités de gestion de contenu soit particulièrement approfondie : besoin de contenus d'actualités riches, articles à la structuration et mise en forme complexe, circuits de validation à plusieurs niveaux, problématique d'archivage particulière, etc.

La gestion documentaire

La gestion documentaire regroupe l'ensemble des fonctionnalités permettant l'acquisition, le stockage, le classement, le partage, la consultation et l'archivage de documents sous forme de fichiers informatiques (le plus généralement au format PDF, Microsoft Office, OpenOffice).

Les outils de gestion documentaire permettent de :

◗ rationaliser le traitement des documents sous une forme dématérialisée ;

◗ fédérer l'information documentaire de l'entreprise ;

◗ catégoriser et faciliter la recherche/consultation des documents par une gestion de métadonnées ;

◗ gérer le processus de publication des documents ;

◗ gérer le cycle de vie et les versions des documents ;

◗ sécuriser l'ensemble des données (gestion des droits).

La plupart des solutions packagées de portail Intranet du marché proposent des fonctionnalités de gestion documentaire basiques. Pour des besoins plus avancés, il sera nécessaire de s'appuyer sur un outil dédié de type Enterprise Content Management (ECM) et GED.

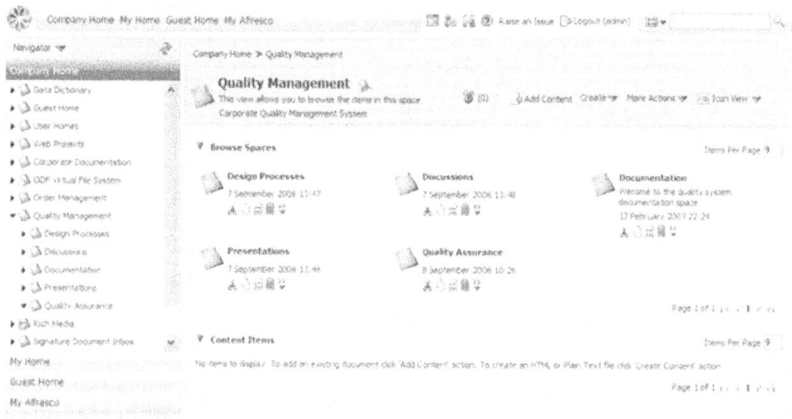

Figure 11 : Exemple de partage documentaire
avec la solution open source Alfresco

Les eServices ou la dématérialisation de procédures

La dématérialisation consiste à déployer des moyens électroniques pour effectuer des opérations de traitement, d'échange et de stockage d'informations sans support papier. Un eService ou téléprocédure Intranet permet

ainsi d'effectuer en ligne une démarche qui suivait jusqu'alors un circuit
« physique » (téléphone, papier, etc.). Il s'agit par exemple de réservations
de salles, de demandes de travaux d'imprimerie, d'ordres de missions, etc.

Apport pour le « client » de la téléprocédure	Apport pour le « prestataire » de la téléprocédure
• Gain de temps pour l'accès à la procédure • Pré-remplissage de certains champs • Suivi en ligne de la demande	• Disparition du papier • Plus de double saisie • Moins d'erreurs grâce aux contrôles automatisés • Réactivité

Figure 12 : Les apports de la mise en œuvre de téléprocédures

Les étapes et outils nécessaires à la mise en œuvre d'eServices sont :
1. Création du formulaire via un outil générateur de formulaires ;
2. Interaction avec les utilisateurs via la mise en ligne et la présentation du formulaire (portail) ;
3. Transport des flux de données via un moteur de workflow ;
4. Traitement et suivi des demandes via un back office de suivi des demandes ;
5. Interaction avec les applications métiers du système d'information.

Le moteur de workflow joue un rôle essentiel. Il permet la modélisation des tâches, l'affectation des rôles, enfin les liaisons entre les tâches et les acteurs d'un processus.

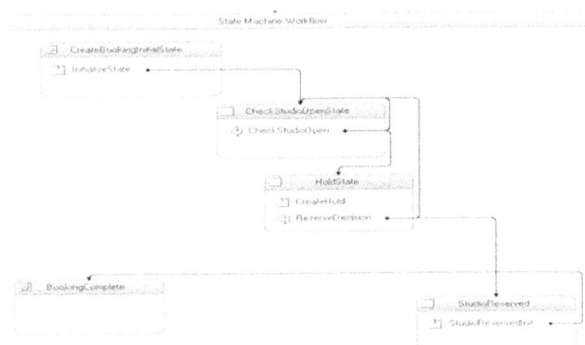

Figure 13 : Exemple de modélisation graphique de workflow

La mise en œuvre de tels services en ligne nécessite un travail fin de spécifications fonctionnelles sur les points suivants :

▶ identification des champs des formulaires et des contrôles associés ;

▶ identification des pièces justificatives à joindre à une demande ;

▶ modélisation du circuit de validation et des acteurs du workflow ;

▶ identification des interactions avec les applicatifs métiers du système d'information ;

▶ définition des besoins en termes d'authentification/signature[1] ;

▶ définition des besoins en termes de tableau de bord de suivi, pour le « client » et le « prestataire » de la demande.

Il est essentiel pour le chef de projet de distinguer les téléprocédures pouvant être mises en place à partir de client Web d'applications métier existantes, de celles à créer à partir des outils Intranet. Ce point, ainsi que l'ensemble des outils techniques nécessaires à la création de téléprocédures sont présentés dans le chapitre 2 de la partie 2 : modéliser l'architecture technique, sécurité et applicative.

Les espaces de travail collaboratif

Les espaces collaboratifs ont pour cible des communautés. Une communauté peut se créer soit autour d'un projet, soit autour d'un thème, d'un métier ou d'une pratique. Les espaces de projet offrent aux membres d'une équipe de projet une plateforme de collaboration, d'échanges et de capitalisation. Les espaces communautaires sont des plateformes virtuelles supports aux interactions sociales des communautés.

Concrètement, il s'agit de « sous-sites » Intranet qui en exploitent les principaux outils tels que la gestion de contenu, le partage documentaire, les outils d'interactions. Une gestion fine des droits permet de mettre en œuvre des espaces privés à la communauté, et des espaces publics, ouverts à tous les utilisateurs Intranet. Des travaux d'architecture sécurité rendent possible l'ouverture de ces espaces collaboratifs à des partenaires extérieurs, en Extranet.

---

1. La mise en œuvre d'une signature électronique constitue un enjeu majeur pour la dématérialisation. En effet, elle permet d'informatiser de bout en bout des processus intégrant des validations à valeur juridique.

Les fonctionnalités de l'Intranet 2.0

Personnalisation, nouveaux outils de publication permettant la participation de chacun au partage des connaissances et réseau social : les services et usages du Web 2.0 transposés en Intranet sont présentés ici sous l'angle fonctionnel. L'approche applicative et technique est exposée dans le chapitre 2 de la partie 2, « Modéliser l'architecture technique, sécurité et applicative ».

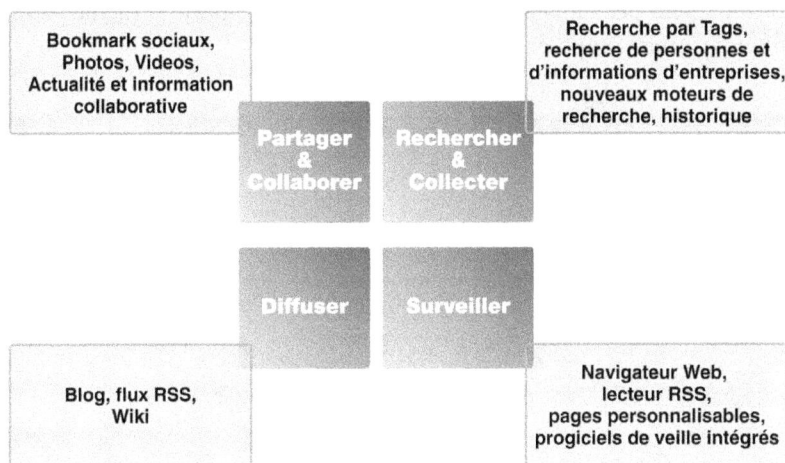

Figure 14 : Outils du Web 2.0 au service de l'Intranet

Page d'accueil personnalisée

La page d'accueil personnalisée est la transposition en Intranet des services proposés par Netvibes.com ou iGoogle par exemple. En plus de jouer un rôle de portail d'agrégation, ces outils permettent à l'utilisateur une personnalisation extrême : choix des contenus, de la disposition des blocs, de la charte graphique, etc. Dans l'Intranet, l'objectif est de permettre à l'utilisateur de concevoir sur-mesure sa page d'accueil.

Ainsi, il choisit les contenus à partir d'une bibliothèque de modules ou « boîtes » de contenus et services. Par exemple

▶ actualités de mes espaces collaboratifs ;

- information RH ;
- e-mails non lus ;
- vacances de poste, etc.

De plus, il peut personnaliser l'agencement des boîtes de contenu :

- déplacement par simple glisser/déposer ;
- paramétrage de la taille des modules ;
- paramétrage du nombre d'items affichés dans chacun, etc.

Enfin, il peut personnaliser la charte graphique et choisir un thème parmi différents styles proposés.

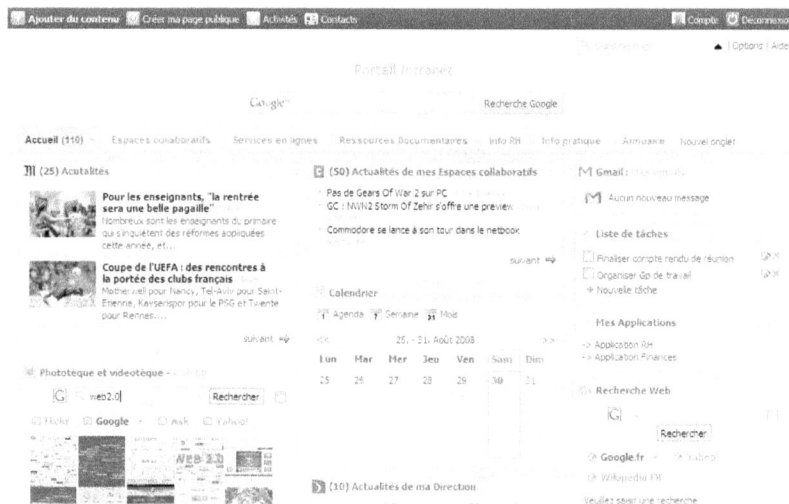

Figure 15 : Exemple de page d'accueil personnalisée construite sur Netvibes.com

Blog

Un blog est un site Web collaboratif permettant de diffuser de l'information sous la forme d'un billet/article et de faire réagir les visiteurs *via* des commentaires. Le boom de la « blogosphère » Internet doit beaucoup à l'extrême simplicité d'ouverture d'un blog et de publication d'un article. Cette simplicité d'utilisation est également un des arguments majeurs de l'utilisation du blog en Intranet : donner la possibilité à tout collaborateur de diffuser de l'information et du contenu sans pré-requis technique. Enfin, des fonctionnalités de flux RSS permettent de diffuser très facilement le contenu d'un blog.

Figure 16 : Publication d'un article avec le moteur de blog Wordpress

Wiki

Le wiki est différent du blog de par sa nature et son utilisation. En effet, il s'agit d'un site Web dynamique permettant à tout individu d'en modifier les pages et d'apporter son expertise sur un domaine, structuré par rubrique. L'exemple le connu est Wikipedia.org, une encyclopédie en ligne où chacun peut contribuer à l'enrichissement du contenu.

Contrairement au blog, qui est adapté à de la diffusion d'actualités ou de contenus à durée de vie courte, le wiki est dédié à des contenus statiques nécessitant d'être enrichis et mis à jour à tout moment. Le wiki devient ainsi progressivement un outil majeur du travail collaboratif et du partage des connaissances.

Tags, RSS et social bookmarking :
des clés de lecture complémentaires

Il existe plusieurs chemins d'accès complémentaires pour accéder aux contenus. Le moteur de recherche en est le plus connu. Les évolutions du Web 2.0 apportent de nouvelles fonctionnalités favorisant la personnalisation et l'immédiateté des accès.

Tags

Un « tag » est une balise sémantique, une « étiquette » ou « mot clé » que l'on associe à un contenu ou à un document. Il s'agit donc d'une métadonnée. Ce tag, renseigné par le rédacteur, est utilisé par l'Intranaute pour retrouver le contenu. Le nuage de mots clés est une représentation visuelle des mots clés les plus utilisés sur l'Intranet. Un clic sur un tag du nuage permet d'afficher les contenus associés à un tag, sans passer par l'arborescence Intranet.

achat **actualité** amicale **bonne pratique** cantine circulaire carrière déontologie management nouvel arrivant offre d'emploi finance marché **modèle de document** petite annonce procédure production **ressources humaines** veille

Figure 17 : Exemple de nuage de tags

Les tags sont également utilisés pour proposer dynamiquement à l'Intranaute des contenus associés à celui qu'il est en train de lire. Ce système de « vente croisé » est issu du commerce électronique, mais s'applique parfaitement à un contexte Intranet. Par exemple, l'Intranaute consultant une procédure sur la formation pourra trouver (souvent dans une colonne à droite de l'article) le titre des dernières actualités sur la formation, le libellé des formations à venir proposées dans le catalogue de formation, ainsi que le lien vers la téléprocédure de demande en ligne. Tout cela est généré dynamiquement, car tous ces contenus sont associés au tag « formation ».

Zone de contenu	Zone de vente croisée
	Associations par gestion de tags :
Article de contenu, qui a été catégorisé par un tag.	- Services en ligne *rss* *xml*
	- Ressources multimedia et téléchargement *rss* *xml*
	- Articles associés sur l'Intranet *rss* *xml*

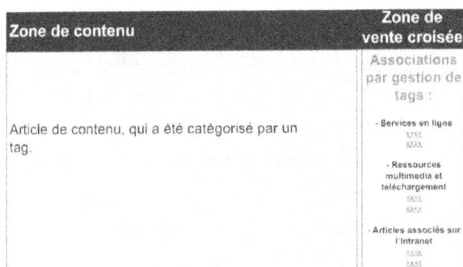

Figure 18 : Gestion d'association de contenus à partir de tags

RSS

RSS est une famille de formats XML utilisés par la syndication de contenu Web. Dans notre contexte, il permet à l'Intranaute de s'abonner à des flux d'information RSS de l'Intranet (par thématique) et de consulter les dernières mises à jour depuis son lecteur RSS, sans avoir à naviguer dans l'arborescence.

Social bookmarking

Le social bookmarking désigne la pratique d'enregistrer ses favoris en ligne, de leur assigner des mots clés et de les partager. Chaque contenu de l'Intranet peut alors être placé par l'Intranaute parmi ses favoris. En mutualisant les favoris de tous les utilisateurs, le service de social bookmarking permet d'identifier les contenus les plus pertinents par rapport à un mot clé, correspondant au contenu le plus souvent marqué en favori.

Ce système constitue ainsi une révolution dans le domaine de la recherche d'informations, en comparaison avec le mode de fonctionnement des moteurs de recherche. En effet, les résultats d'une recherche *via* un système de social bookmarking sont classés par nombre d'utilisateurs ayant un lien vers la ressource et non par le nombre de fois où le mot clé recherché est présent dans le contenu. La pertinence du contenu est ainsi définie selon une appréciation qualitative des utilisateurs, non par les algorithmes des moteurs de recherche. Pour comprendre le potentiel de tels outils, nous vous invitons à tester les services de social bookmarking Internet comme www.digg.com.

Réseau social

Les services de réseautage social (*social networking*) arrivent à maturité sur Internet. Ces services du Web 2.0 permettent la mise en relation d'individus à des fins professionnelles (LinkedIn, Viadeo, etc.) ou privées (MySpace, Orkut, etc.). La plupart des réseaux sociaux sur Internet sont publics et permettent à quiconque d'y participer. Plus récemment, de grandes entreprises ont mis en œuvre des services de réseautage social privé en Intranet avec une ouverture Extranet. Ces solutions d'ERM (Enterprise Relationship Management) s'installent et permettent à des employés de partager leurs réseaux de contacts et de relations avec leurs collaborateurs et les entreprises extérieures. Complémentaires aux outils de travail collaboratif et de gestion des connaissances, les apports de ces services de mise en relation, localisation d'expert, etc., sont vraisemblablement à étudier pour les grandes entreprises et collectivités, tant dans une dimension Intranet qu'Extranet.

L'ESSENTIEL À RETENIR

Les facteurs clés de succès d'un projet réussi présupposent de bien mesurer la portée des outils Intranet 2.0 :

✓ Portail, gestion de contenus, partage documentaire, travail collaboratif, les eServices sont essentiels pour l'Intranet et son écosystème. Ces outils ont atteint aujourd'hui un niveau de maturité important et sont largement implantés dans les entreprises.

✓ Plus récemment, la transposition à l'Intranet d'usages et services du Web 2.0 (blog, wiki, réseaux sociaux, etc.) dessine progressivement l'Intranet 2.0 comme :

- un support à la capitalisation des connaissances alimentées de manière décentralisée ;
- un support au travail collaboratif, au développement des communautés, à la transversalité ;
- une porte d'entrée au système d'information profilée et surtout personnalisable par l'utilisateur.

Chapitre 3

Analyser l'existant et identifier les opportunités

Ce chapitre vise à présenter d'une part comment une organisation peut qualifier un certain nombre de besoins qui entreraient dans la sphère d'un Intranet et d'autre part comment les porteurs d'une telle initiative peuvent les mettre en perspective sous la forme d'une étude d'opportunité.

Dans le premier cas, il s'agit de déterminer — sur la base d'un périmètre, d'un contexte, voire de premiers objectifs — quels pourraient être les « grands » besoins de dématérialisation, de partage d'informations et de connaissances, d'automatisation de certains processus, etc. Dans le second cas, il s'agit de s'appuyer sur ces mêmes grands besoins fonctionnels pour en évaluer la pertinence. L'objectif est ici de caractériser si l'opportunité de concevoir et de développer un service Intranet (une gestion de contenu, un service permettant d'intégrer un applicatif dans un portail, etc.) a réellement du sens.

Bien souvent, de nombreuses organisations ont déjà un premier Intranet — qu'il soit de format institutionnel ou de type portail. Dans un tel contexte, il est aussi nécessaire d'évaluer les services en place et plus largement l'écosystème Intranet dans lequel ils s'inscrivent. Un tel travail viendra aussi nourrir l'étude d'opportunité.

L'analyse des besoins et des flux d'informations existants

Dès la première phase du projet, il est indispensable de définir le périmètre fonctionnel des services Intranet « cibles ». Ceux-ci doivent être en relation avec les objectifs poursuivis par l'entreprise : organisationnels, managériaux et économiques. Ce travail fondamental — qui peut s'appliquer à un existant Intranet ou non — conditionne la production du document d'étude d'opportunité et de celui d'étude de faisabilité. Ces deux documents devront être validés par la direction générale. À la suite d'une telle prise de position, un système cible pourra être réalisé (voir partie 2).

Périmètre fonctionnel et champ d'application

Fixer le périmètre

Le périmètre fonctionnel correspond aux entités internes et/ou externes à l'entreprise qu'il conviendra de traiter avec le projet. Il est ensuite associé à un ensemble de processus et d'activités, eux-mêmes liés à des ressources matérielles, immatérielles et humaines. La définition d'un tel périmètre peut être validée par la direction générale de l'entreprise ou toute autre direction fonctionnelle responsable. Tout écart — dans la suite du projet — en dehors de ce périmètre implique parfois des dérives ou des dépassements de délais ou de budgets. Ce périmètre fonctionnel doit être intégré dans les documents associés à la description du projet. Il forme à ce titre un chapitre du Plan d'Assurance Qualité (PAQ).

Les typologies de fonctionnalités cibles

Dans la même logique, il est essentiel de positionner le champ d'application du projet Intranet et de son écosystème. Plusieurs questions doivent trouver des réponses dès cette phase : recherche-t-on des solutions de capitalisation d'information, d'échanges, de travail en groupe ou encore de modélisation et d'application de processus ? Recherche-t-on encore des solutions intégrées devant harmoniser des processus avec des partenaires sous-traitants ?

Une catégorisation des services Intranet similaires à celle effectuée dans le précédent chapitre peut être employée dans un premier temps. À la suite de la définition du champ d'application, des études de benchmarking auront un sens. Le champ d'application concernera un ou plusieurs services Intranet selon l'historique des systèmes d'information de l'entreprise, voire le périmètre fonctionnel. Ces services sont typiquement le travail collaboratif, la gestion de contenu, la gestion documentaire, la dématérialisation de processus avec workflow, etc. Les projets dont le champ d'application est le plus ambitieux sont ceux de portail d'entreprise s'intégrant fortement au système d'information.

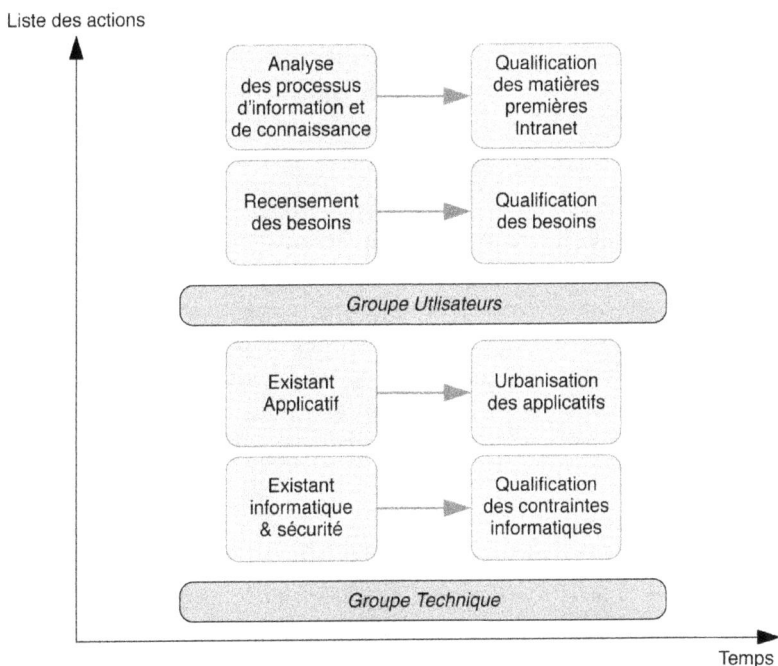

Liste des actions

Analyse des processus d'information et de connaissance → Qualification des matières premières Intranet

Recensement des besoins → Qualification des besoins

Groupe Utlisateurs

Existant Applicatif → Urbanisation des applicatifs

Existant informatique & sécurité → Qualification des contraintes informatiques

Groupe Technique

Temps

Figure 19 : Mode opératoire – Action – Recensement existant
et flux d'information et de connaissances

Ce travail préalable permet aussi au chef de projet de sélectionner les membres des différentes entités de travail : groupes utilisateurs, technique, d'urbanisme du système d'information, etc.

Méthodes de recensement

Adapter vos méthodes

À la suite de la définition concomitante du périmètre fonctionnel et du champ d'application, la méthode de recensement des besoins doit être retenue. Naturellement, il n'existe pas une seule méthode applicable à tous les environnements et à tous types de projet. Bien au contraire, il est recommandé de combiner plusieurs techniques.

La première correspond à la mise en œuvre d'entretiens semi-directifs avec les ressources humaines clés du périmètre fonctionnel. Celles-ci doivent exercer aussi bien des fonctions de direction, de management que des tâches opérationnelles. Il est certain que selon le champ d'application du projet Intranet, une définition large ou non à la fois du nombre d'interviewés et des niveaux hiérarchiques à rencontrer est à préciser. De la même manière, des outils de sondage présents sur un Intranet existant peuvent être employés.

Les entretiens doivent être menés par le chef de projet et son équipe, voire par un consultant externe. Ils reposent sur un guide qualifié prenant en compte les attributions des personnes interviewées, les processus dans lesquels ils s'inscrivent, les besoins en termes de partage d'informations, d'outils de traitement et de capitalisation, etc. En fonction de la nature des besoins, les matières premières à traiter doivent être identifiées. Sont-elles représentées par des fichiers bureautiques, des documents à numériser, etc. ?

La seconde méthode de recensement est complémentaire à la première. Elle correspond à la création d'ateliers de travail au sein du ou des groupes utilisateurs « cibles ». L'animateur de ces groupes propose des axes de réflexion et des besoins à décrire. L'objectif est de les qualifier en conservant une approche globale et systémique des résultats.

Produire une synthèse lisible

Le recensement effectué doit être modélisé à la fois sur la base d'un rapport et de matrices synthétiques. Celles-ci font émerger de « grands besoins fonctionnels ». C'est sur cette base que le comité de pilotage valide la poursuite des travaux du ou des groupes utilisateurs.

L'itération suivante consiste à effectuer une fiche spécifique par besoin. On doit retrouver dans cette dernière l'origine du besoin, des principes de « versionning », les flux d'informations, la nature de l'information, les étapes de validation le cas échéant, etc. De trois à cinq cycles peuvent être nécessaires pour effectuer ces actions.

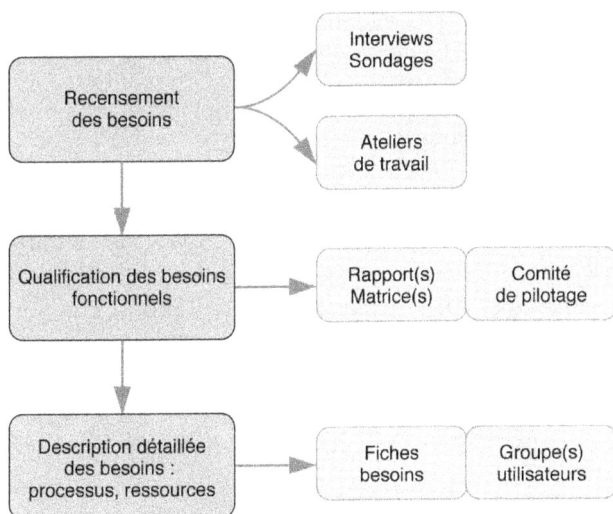

Figure 20 : Mode opératoire – Action : recensement des besoins

Qualification des besoins et description

En fonction de l'ingénierie de projet retenue, les tâches de qualification des besoins et de description peuvent être effectuées de manière séquentielle ou simultanée. Dans les deux cas, des jalons doivent être fixés. Il en est de même quant aux modalités de remise des fiches.

En corrélation avec les objectifs assignés au projet, des axes d'amélioration peuvent être engagés. Ils peuvent concerner, par exemple, la réduction de certaines redondances, la présentation plus pertinente des informations ou encore des fonctionnalités d'un Intranet existant. Il s'agit donc non seulement de qualifier des besoins, mais également d'en tirer parti pour améliorer des pratiques ou des processus.

Une fois définis, les différents besoins doivent former un système organisé en domaines de finalités. Les services Intranet viendront répondre à chacun d'entre eux. Ils formeront le socle de l'écosystème Intranet et seront retranscrits en détail dans le projet de système cible.

Les fiches peuvent être validées par les fonctions concernées. Elles peuvent être publiées au moyen d'un partage bureautique ou d'un outil documentaire présent dans un portail. Des solutions logicielles peuvent offrir à la fois des bibliothèques d'outils et des supports de travail pour les groupes utilisateurs.

La qualité des données inscrites dans ces documents conditionnera le cahier des charges à produire à la suite du système cible. À ce stade, les besoins permettent de nourrir le socle de l'étude d'opportunité, puis celui de l'étude de faisabilité. Au moment où les besoins sont recensés, voire par la suite décrits, de mauvaises interprétations peuvent survenir. Il est indispensable, selon l'ambition du projet de croiser les informations collectées. Dans la même veine, il faut garder à l'esprit que l'utilisateur doit rester au cœur des réflexions. L'anticipation de ses usages doit naturellement être prise en considération. Des cycles d'information sont proposés afin d'annoncer les travaux de recensement des besoins. Selon le périmètre du projet, des actions plus ou moins globales devront avoir lieu (voir *supra*).

Contraintes techniques

Dès cette phase de recensement des besoins, les contraintes d'ordre technique associées au système d'information doivent être analysées. Les intervenants du groupe technique doivent prendre en compte les dimensions plurielles des strates du système. Aussi est-il nécessaire d'apprécier les capacités des réseaux, qu'ils soient locaux ou étendus, en termes de bande passante et l'existant du parc informatique. Une mise en perspective entre le champ d'application du projet Intranet et ces différentes strates doit donc être effectuée.

En outre, il convient aussi d'évaluer les principes de stratégie de système d'information retenus par l'entreprise comme son ouverture. Ainsi, bien souvent lors de la mise en place de services Intranet, de nombreuses contraintes se produisent alors que le projet n'en impliquait *a priori* que très peu. Qu'elles soient d'ordre technique, système ou logiciel, ces contraintes peuvent bloquer certaines options technologiques.

De même, le déploiement de services Intranet suppose de détecter les éventuelles failles en terme de sécurité. Dès cette étape, il faut avoir alors à l'esprit de stabiliser la stratégie sécurité de l'entreprise (plan de nommage, modalités de gestion des mots de passe, gestion des profils et des droits des utilisateurs, solutions antivirales, etc.).

Enjeux des vies professionnelle et privée

Les enjeux liés aux phénomènes de « vie professionnelle/vie privée » doivent également être considérés. Ils auront des conséquences juridiques et techniques.

Urbanisme applicatif

Un travail important est à mener sur le volet urbanisme applicatif. En effet, il s'agit pour les projets de portails d'entreprise ou de bureaux virtuels de qualifier les applicatifs cibles devant être soit support du nouvel Intranet, soit redirigés depuis le portail, soit encore intégrés directement. Un tel travail pourra être effectué de manière consécutive à un plan stratégique des systèmes d'information. Dans cette hypothèse, ce dernier plan sera fort utile. Il nourrira directement la réflexion, voire la validité de l'opportunité des services Intranet qui répondront aux besoins cibles.

Cette première série d'actions doit conduire à qualifier d'une part des besoins fonctionnels et d'autre part des besoins d'ordre informatique. Les premiers sont déterminants. Les seconds sont ici essentiellement anticipés. L'ensemble viendra s'inscrire dans le système cible si le projet de développer un nouvel Intranet est retenu.

L'audit flash de votre Intranet

Positionnement de l'écosystème Intranet

Situer votre Intranet

Dans le cadre de la préparation de l'étude d'opportunité, il peut être opportun en amont d'établir un audit flash de votre Intranet et de son écosystème. Il s'agit ici d'avoir une approche globale de l'écosystème. On ne se limitera pas uniquement aux applicatifs. En effet, de manière plurielle, il est nécessaire de mesurer la performance des fonctionnalités existantes tout en évaluant les domaines connexes tels les usages, les modalités de mises à jour, etc. Une analyse multicritères peut être réalisée. Les principaux axes présents ci-après donnent le cadre d'un tel travail.

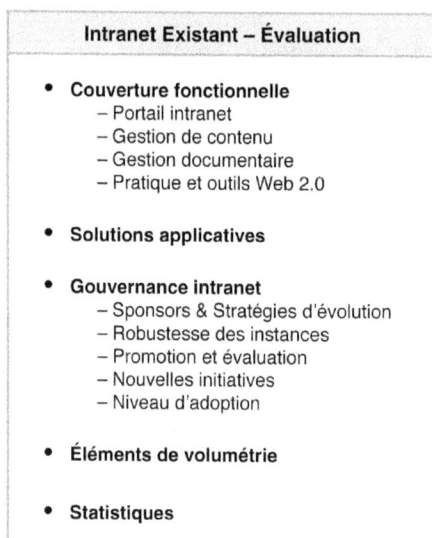

Intranet Existant – Évaluation

- **Couverture fonctionnelle**
  - Portail intranet
  - Gestion de contenu
  - Gestion documentaire
  - Pratique et outils Web 2.0

- **Solutions applicatives**

- **Gouvernance intranet**
  - Sponsors & Stratégies d'évolution
  - Robustesse des instances
  - Promotion et évaluation
  - Nouvelles initiatives
  - Niveau d'adoption

- **Éléments de volumétrie**

- **Statistiques**

Figure 21 : Axes d'évaluation –
Audit flash de l'Intranet et de son écosystème

Une base de travail pour la suite

Sur la base des données recensées, il est ainsi possible de produire une synthèse de positionnement. Ces éléments vont pouvoir nourrir l'étude d'opportunité et qualifier les axes d'amélioration prioritaires, structurants pour l'écosystème, pour l'organisation, etc. Les porteurs du projet de nouveaux services Intranet pourront ainsi donner le sentier d'évaluation de leur écosystème Intranet sur la base du diagramme ci-après.

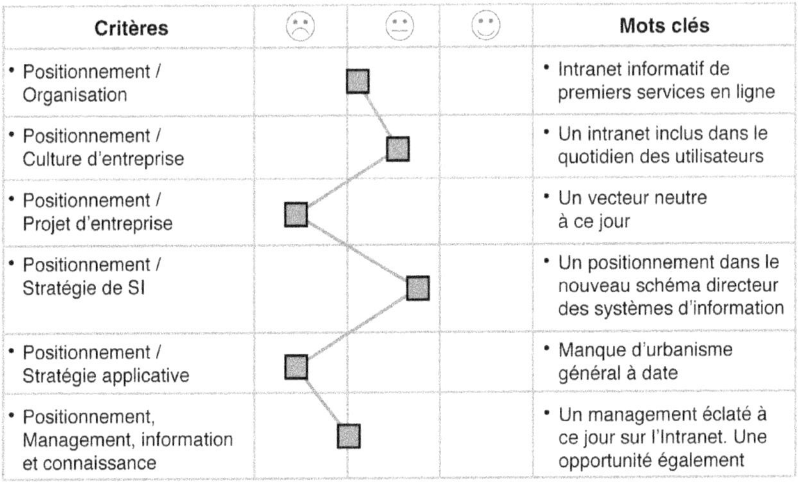

Critères	😦	😐	🙂	Mots clés
• Positionnement / Organisation		■		• Intranet informatif de premiers services en ligne
• Positionnement / Culture d'entreprise			■	• Un intranet inclus dans le quotidien des utilisateurs
• Positionnement / Projet d'entreprise	■			• Un vecteur neutre à ce jour
• Positionnement / Stratégie de SI			■	• Un positionnement dans le nouveau schéma directeur des systèmes d'information
• Positionnement / Stratégie applicative	■			• Manque d'urbanisme général à date
• Positionnement, Management, information et connaissance		■		• Un management éclaté à ce jour sur l'Intranet. Une opportunité également

Figure 22 : Audit Intranet – Évaluation écosystème Intranet – Volet stratégie

Critères fondamentaux

Aussi est-il possible au travers de plusieurs critères fondamentaux de déterminer comme se positionne l'Intranet dans une entreprise. Les critères de positionnement sont variables, mais présentent *a minima* la composition suivante :

▶ l'organisation (quel est le positionnement de l'écosystème Intranet vis-à-vis de l'organisation interne ?) ;

▶ la culture d'entreprise (l'écosystème Intranet, dont les fonctionnalités Intranet, correspond-il aux valeurs et coutumes de l'entreprise et intégré au quotidien des collaborateurs ?) ;

▶ projet d'entreprise (l'écosystème Intranet est-il un levier au service du développement et de la promotion du projet d'entreprise ?) ;

▶ stratégie de système d'information (les applicatifs composant l'Intranet sont-ils alignés avec la stratégie de système d'information ?) ;

▶ stratégie applicative (les mêmes applicatifs sont-ils urbanisés et s'intègrent-ils au plan d'urbanisation globale ?) ;

▶ management de l'information et de la connaissance (l'écosystème et ses fonctionnalités concourent-ils au développement du partage de l'information, des savoir-faire, de réseaux sociaux ? L'écosystème comprend-il des enjeux de gestion du cycle de l'information — information lifecycle management ?).

Il est possible d'ajouter d'autres dimensions lorsque l'on cherche à approfondir l'un des critères. Par exemple, la corrélation avec l'organisation peut comprendre la communication interne ; la performance interne ; etc. Dans la même veine, il est encore envisageable de créer une analyse sur le volet usages. D'autres critères viendront alors s'ajouter pour un périmètre de fonctionnalités donné. Ces différentes analyses donnent donc une vision de l'écosystème Intranet existant. Il n'est pas nécessaire qu'il soit trop détaillé. Bien au contraire, à ce stade de l'étude d'opportunité, une approche « flash » suffit largement.

La synthèse : l'étude d'opportunité

Pour être menée à bien, la gestion de projet Intranet doit avoir été définie comme un axe stratégique de l'entreprise. C'est un préalable à toute fixation d'objectifs opérationnels. En effet, l'Intranet retenu doit répondre à des objectifs stratégiques eux-mêmes déclinés en un ensemble d'objectifs opérationnels.

Définir les objectifs

Qualifier objectifs et besoins

Avant d'engager l'étude de faisabilité, il s'agit de définir de tels objectifs et d'en évaluer la pertinence. Ces dimensions donneront lieu à la production d'une étude d'opportunité. Une fois validé, un tel document donnera lieu à la production du document d'étude de faisabilité puis au système cible, réel document détaillé de la stratégie Intranet. Cette étude d'opportunité est bien souvent complétée d'une analyse de l'Intranet en place (ou des services actuels) d'une part et d'un benchmark avec d'autres organisations d'autre part. Ces éléments ont été présentés plus haut.

L'étude d'opportunité va comprendre à la fois la synthèse des besoins décrite et la qualification des principaux objectifs que l'entreprise pourra se donner. Ces derniers sont par nature pluriels. Ils doivent permettre d'apprécier le niveau d'investissement à engager.

Les objectifs stratégiques sont de plusieurs ordres :

- accroître la visibilité d'un groupe à l'international ;
- déployer des organisations étendues avec des partenaires de l'entreprise ;
- développer de nouvelles compétences fondamentales ou au contraire centrer la stratégie sur certaines d'entre elles ;
- accroître l'emploi de certaines ressources, qu'elles soient matérielles, humaines ou immatérielles, etc.

L'alignement avec le projet d'entreprise

Cette pluralité d'objectifs est liée à un plan d'actions et à l'alignement avec le projet d'entreprise. L'Intranet est alors l'un des instruments de leur concrétisation effective. Dans cette perspective, l'écosystème Intranet ne doit pas être uniquement perçu comme des solutions technologiques par les managers de l'entreprise. Il doit répondre, comme cela a pu être démontré, à un projet d'entreprise. Plus globalement, il doit s'intégrer dans son projet d'organisation, lui-même en cohérence avec la stratégie retenue. C'est uniquement ensuite que face aux investissements pressentis, des objectifs opérationnels sont fixés.

Le synoptique ci-après synthétise les objectifs que l'organisation pourra assigner au nouvel Intranet. Ils sont par nature pluriels. Pour chacun d'eux, des dispositifs et des fonctionnalités devront être imaginés.

Figure 23 – L'intégration des objectifs Intranet au cœur du projet d'entreprise

Positionner dans un dispositif

Les objectifs retenus conditionnent aussi bien la constitution des équipes projet que les modules Intranet correspondants. Dans cette optique, la direction de l'entreprise positionne le projet au cœur d'un dispositif où des contraintes de délais, de moyens et de résultats vont être fixées. La variété des dimensions, des cibles et des solutions technologiques renforce cette exigence d'un positionnement au cœur de l'organisation de l'entreprise. Les projets Intranet se différencient ainsi des gestions de projet traditionnelles, qu'elles soient organisationnelles ou informatiques. En effet, quel que soit l'outil visé, un caractère transversal est observé et de nouvelles formes de travail sont à anticiper.

De tels objectifs vont donc conditionner le système cible de l'Intranet visé — système cible détaillé quant à la conduite à tenir dans le chapitre suivant. Ils impliquent pour les porteurs du projet d'être lisibles tout en recherchant des fonctionnalités ayant du sens pour les utilisateurs. Dans ce cadre, il s'agira de retenir des applications indispensables à toutes catégories d'utilisateurs.

BON À SAVOIR

Analyse de la valeur Intranet et étude d'opportunité

Il est envisageable dans le cadre de l'étude d'opportunité d'établir une analyse de la valeur multicritères. Cette dernière doit permettre d'évaluer les gains tangibles et intangibles des futurs services Intranet qui seraient développés et intégrés. On peut, par exemple, fixer les critères suivants :

- Critère 1 : étude de la rentabilité (voire du retour sur investissement) du projet cible et de ses objectifs.
- Critère 2 : évaluation qualitative de la pertinence et de la nécessité du projet ; alignement avec le projet d'entreprise.
- Critère 3 : qualification qualitative des bénéfices internes du nouveau service Intranet cible.
- Critère 4 : qualification qualitative des bénéfices externes du nouveau service Intranet cible pour des usagers externes par exemple et/ou des partenaires, etc.
- Critère 5 : qualification des risques associés au déploiement d'un tel nouveau service Intranet cible.

À ce stade, cette définition sera sommaire, mais donnera un premier aperçu dès l'étude d'opportunité pour la direction générale.

Ces objectifs doivent être entérinés par une instance compétente – une direction générale et/ou un comité de pilotage. Ils vont naturellement induire des changements qu'il conviendra d'anticiper.

La synthèse : aboutir à définir l'étude de faisabilité

Une fois validée, l'étude d'opportunité débouche sur une nouvelle étape où il est bien plus question d'apprécier si les besoins dégagés mis en correspondance seront réalisables. Cette nouvelle étape est cruciale. Si l'étude d'opportunité est le symbole que la direction générale a validé l'opportunité du projet d'adjonction de services Intranet et/ou de nouvel Intranet, l'étude de faisabilité prendra en considération d'autres enjeux tels les prérequis organisationnels, humains, financiers et applicatifs. Dans cette optique, le travail effectué d'audit flash de l'écosystème Intranet est encore utile. En effet, il forme une base pour évaluer la transition à concevoir et à engager pour développer un nouvel Intranet. Enfin, l'étude de faisabilité ne devra pas non plus négliger les enjeux de conduite du changement.

L'ESSENTIEL À RETENIR

Les facteurs clés de succès d'une analyse de l'existant et d'une étude d'opportunité réussie sont les suivants :

✓ L'analyse de l'existant repose sur plusieurs dimensions. Elle comprend des besoins en communication interne, en dématérialisation de flux documentaires, en partage bureautique, etc., jusqu'à des besoins de diffusion automatique de données décisionnelles.

✓ La qualification des besoins dans le cadre d'un projet Intranet repose sur un périmètre organisationnel (groupe, filiale, business unit, centre de profit, etc.) et sur une zone géographique pour les plus grandes entreprises.

✓ La qualification des besoins se traduit par un document de synthèse et de matrices. Ces dernières donnent une approche des besoins sous la forme de typologies.

✓ Au-delà des besoins, il est fondamental de qualifier si le projet développé par les porteurs du projet a du sens. Cette évaluation est plurielle. Elle aboutit à la production d'une étude d'opportunité.

.../...

L'ESSENTIEL À RETENIR

✓ L'étude d'opportunité comprend à la fois la synthèse des besoins — qui permet d'apprécier leur portée et l'étendue du changement à engager — et la mise en valeur d'objectifs — qui permet d'apprécier la pertinence de l'investissement.

✓ La pertinence de l'investissement et son caractère réaliste sont analysables sur la base de critères quantitatifs et qualitatifs.

✓ À ce stade, l'approche est souvent macroscopique. Mais elle donne déjà des éléments de rentabilité — tangibles et/ou intangibles — des nouveaux services Intranet projetés.

✓ Dans des contextes où un Intranet est en place, son audit flash peut avoir du sens. Des méthodes pragmatiques permettent d'évaluer l'Intranet d'un point de vue fonctionnel. Il en est de même en ce qui concerne l'écosystème.

✓ L'audit flash permet à la fois d'évaluer les axes d'amélioration potentiels et le positionnement de l'écosystème. Il décrit aussi des limites fonctionnelles qu'un nouveau projet permettrait de résoudre.

✓ Enfin, l'étude d'opportunité peut comprendre un benchmarking. Il s'agit alors de comparer l'écosystème Intranet en place avec d'autres entreprises sur la base de critères objectifs. Un tel travail doit permettre aussi de donner des arguments à l'étude d'opportunité.

Chapitre 4

Formaliser les objectifs définitifs de l'Intranet 2.0

La première phase de la méthodologie projet doit aboutir à la fixation des objectifs stratégiques de l'Intranet 2.0. Ce travail est consécutif à la définition du contexte cible du nouvel Intranet et/ou des nouvelles fonctionnalités souhaitées par les porteurs du projet.

La définition des objectifs conditionne directement les termes de l'écosystème Intranet et son ambition. Par ailleurs, ils vont donner une coloration à l'Intranet en termes d'état d'esprit : quelle part de centralisation, quelle part d'autonomie laissée aux collaborateurs, quelle place laissée à la base dans la participation à des usages collaboratives, quelle autonomie accordée à des entités, des sites, etc.

La définition des objectifs comprend encore une ambition liée à la transformation managériale et organisationnelle qu'un nouvel Intranet peut initier, voire engager. Dans cette veine, il s'agit de qualifier finement les gains attendus à la fois pour l'entreprise et les collaborateurs utilisateurs. Ces différentes dimensions sont consolidées dans une étude de faisabilité définitive.

Analyse de la faisabilité

La synthèse des besoins : un enjeu majeur

Cette phase est essentielle et comprend la consolidation des besoins dégagés dans la phase précédente. Elle est primordiale, car elle va conditionner à la fois la faisabilité du projet et ses enjeux à moyen terme.

Concernant la faisabilité, suite à la consolidation des besoins, les instances compétentes devront en valider la faisabilité technique — confronter les cibles attendues avec une réalité technologique — et fonctionnelle — mesurer l'adéquation avec les spécificités du contexte.

Les enjeux quant à eux vont conditionner les termes du système cible et donc les moyens financiers, humains ainsi que les changements à opérer pour atteindre la cible Intranet.

La phase de consolidation est donc fondamentale et ne peut être prise à la légère. Elle pourra donner lieu à des scénarios réels alternatifs en termes d'investissement pour l'organisation. Dans cette optique, au regard de son éventuelle criticité, il est indispensable de modéliser les besoins selon des axes thématiques. Sur cette base, il est envisageable de fixer des priorités. Le synoptique suivant, sous la forme d'un « mindmapping » (ou « carte heuristique »), est un exemple de proposition de synthèse consécutif à des ateliers de travail.

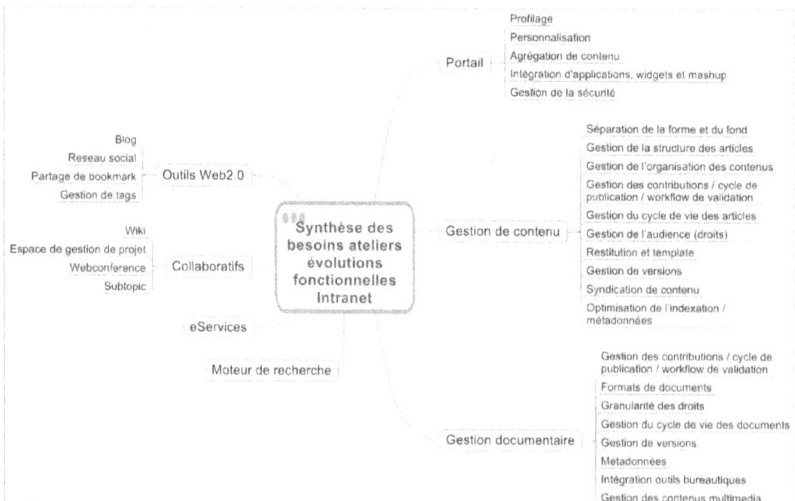

Le rapport de faisabilité

L'étude de faisabilité complète l'analyse de l'existant décrite dans le précédent chapitre, dont elle précise les moyens nécessaires à mettre en œuvre pour parvenir aux résultats envisagés. Dans cette veine, la consolidation des besoins et leur mise en perspective en termes de priorités et de faisabilité doivent donner lieu à la production d'un rapport de faisabilité. Les principales informations à prendre en considération sont détaillées ci-après. Elles doivent ensuite permettre de définir les objectifs fins, atteignables par le projet Intranet.

Cette analyse s'attache à définir le caractère réalisable de l'évolution attendue, en fonction du ou des scénarios retenus, au terme de l'étape précédente. Parmi les variables figurent la capacité de l'organisation à vivre et à absorber un changement, des paramètres comme les ressources budgétaires du projet, les investissements technologiques envisageables, enfin les ressources humaines internes nécessitées par l'administration du système intranet et par le fonctionnement du dispositif mis en place.

Le rapport de faisabilité résulte de la collecte des éléments nécessaires à la décision et de leur analyse. Il donne lieu à des préconisations évaluées par l'équipe projet et le chef de projet, voire par une assistance à maîtrise d'ouvrage.

Les critères pris en compte dans le rapport qui sera établi porteront sur :

- l'analyse de l'infrastructure informatique de l'Intranet cible ;
- la formalisation de l'architecture d'information ;
- les principes du système documentaire ;
- les principes du système collaboratif projeté ;
- les principes de développement du système cible ;
- les solutions logicielles envisagées (en conformité avec le système d'information de l'organisation) ;
- les phases de déploiement du dispositif d'ensemble.

De manière synthétique, le rapport de faisabilité sera décomposé en différents domaines en fonction des principaux aspects du projet. Pour chacun d'eux, trois éléments seront exprimés. Ainsi, les contraintes peuvent être d'ordre budgétaire, de délais, de contexte ou de ressources humaines. De plus, les solutions de référence permettent pour chaque problématique de dresser un état de l'art rapide des réponses possibles, assorties d'éléments distinctifs susceptibles de favoriser les décisions. Enfin, les recommandations sous forme de synthèse des analyses et des études précédentes permettent de justifier concrètement les recommandations d'ordre stratégiques, qualitatives, budgétaires, organisationnelles ou technologiques.

BON À SAVOIR

Analyse de la valeur Intranet et étude de faisabilité

Lors de l'étude de faisabilité, les critères d'analyse de la valeur ébauchés dans l'étude d'opportunité peuvent être affinés. Une nouvelle évaluation peut alors être menée. Cette dernière pourra donner lieu, par exemple, à des études complémentaires sur la rentabilité de processus qui seraient dématérialisés. Dans certaines entreprises, cette analyse de la valeur devra être suffisamment précise et convaincante pour qu'elle soit validée par la doctrine financière de la direction financière.

La consolidation à la fois des termes de l'existant, de la pertinence et de la faisabilité des besoins donne lieu à la fixation d'objectifs définitifs. Ces derniers seront naturellement corrélés avec ceux décrits dans le premier chapitre de cette partie, à savoir les objectifs du projet d'entreprise.

La stratégie de l'écosystème Intranet

La validation de l'étude de faisabilité

La même instance que celle qui a validé l'étude d'opportunité doit valider l'étude de faisabilité. Dans certains contextes, cette étude peut comprendre plusieurs scénarios. Chacun d'entre eux sera évalué et documenté selon plusieurs dimensions.

La variété des besoins doit donc être prise en compte dans une globalité. Ils doivent être mis en correspondance avec les objectifs organisationnels, managériaux ou économiques de l'entreprise. Dans cette optique, les différents besoins peuvent être retranscrits dans deux ou trois scénarios. Ces derniers possèdent des objectifs différents, voire un ordonnancement des besoins opposés. Ils peuvent aussi proposer des jalonnements sur des périodes plus ou moins longues. Ces mêmes scénarios peuvent également être mis en correspondance avec des solutions applicatives identifiées dans le cadre du benchmarking.

© Groupe Eyrolles

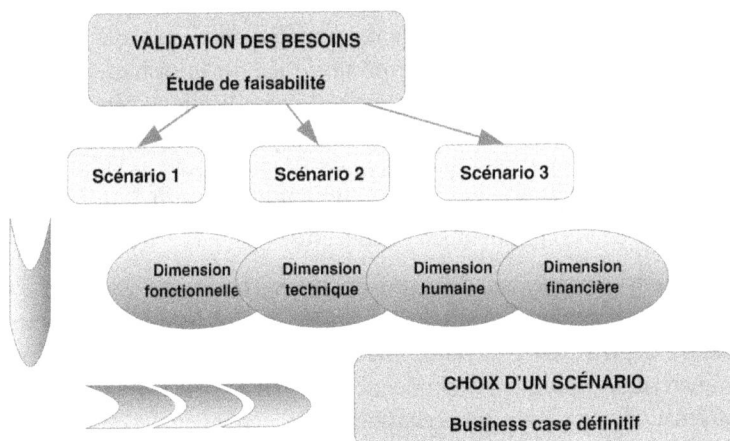

Figure 24 – Besoins – Étude de faisabilité et choix d'un scénario définitif
pour la stratégie de l'écosystème Intranet

Une fois cette validation intervenue — le plus souvent sur la base d'un *business case* — il est envisageable d'engager d'une nouvelle étape : la conception détaillée de la stratégie de l'écosystème Intranet. Cette stratégie est par nature déjà comprise dans l'étude de faisabilité. Elle sera caractérisée sous forme d'un plan d'actions dans le système cible, mais pas uniquement. En effet, on détaillera l'architecture modulaire, le plan de formation, le plan d'intégration, les étapes macroscopiques de la conduite du changement, les grands jalons en termes de dates, etc. La validation de l'étude de faisabilité doit enfin donner lieu à la prise en compte d'autres enjeux : la conduite d'un changement et d'éventuelles limites à ne pas négliger.

Quels changements anticiper ?

L'augmentation de la productivité des collaborateurs d'une organisation est un premier axe en termes de compétitivité. Il n'est pas le seul dans le domaine organisationnel. En effet, l'Intranet est, de manière complémentaire, un catalyseur du changement. Dans cette optique, il offre un terrain propice aux innovations organisationnelles.

Un facilitateur

L'Intranet est un facilitateur dans la mesure où il offre une variété instantanée aux utilisateurs. Celle-ci concerne aussi bien des informations de court terme (nouvelles, indicateurs, accès à des applications, etc.) que des connaissances plus structurantes (bases d'expériences, de connaissances, documentaires, etc.). Cette variété renvoie à une diversité de choix pour les collaborateurs et entraîne une pluralité d'interprétations devant faciliter les processus de décision individuels et collectifs.

Dans la même veine, les différents modules conduisent à l'essor d'une mémoire organisationnelle issue de cette même variété. La mémoire des activités de l'entreprise n'est plus uniquement située dans des données de gestion (commerciales, techniques, de production, etc.), mais également dans nombre d'informations et de connaissances assurant le fonctionnement de l'entreprise.

La combinaison de cette variété et de l'essor d'une mémoire organisationnelle multi-facettes forme un vecteur d'apprentissage et d'accroissement des compétences. Ces dernières, qu'elles soient localisées ou collectives, tendent à s'enrichir par les différentes fertilisations croisées émanant de la pluralité des services Intranet disponibles.

Des micro-cycles

Ces éléments constituent les fondements d'une démarche profonde de changement composée de multiples micro-cycles localisés et/ou globaux. En interagissant par messagerie, en réagissant à des propos tenus dans un forum ou en participant à l'enrichissement d'une base d'expériences, les collaborateurs modifient des contextes, des cadres de fonctionnement de manière plus ou moins importante. C'est dans ce contexte qu'ils participent à de tels micro-cycles de changement. Selon les organisations, ils peuvent prendre trois formes.

La première est la modification des structures internes de l'entreprise. La combinaison de plusieurs modules Intranet entraîne des relations transversales entre les collaborateurs de groupes fonctionnels différents. Les structures organisationnelles s'en voient largement modifiées. Leurs frontières tendent à disparaître en termes de diffusion d'information. Par ailleurs, l'émergence de phénomènes communautaires place les interactions entre collaborateurs dans de nouveaux champs. Il ne s'agit plus uniquement de coopérer dans la réalisation d'une tâche. La coopération repose bien plus sur des circulations de connaissances en s'affranchissant de tout pouvoir hiérarchique : résoudre des problèmes, améliorer une pratique, concevoir de nouveaux procédés ou processus, etc.

Les entreprises, après avoir connu des structures hiérarchiques allégées, des structures matricielles ou en réseau, voient leur organisation évoluer. Elles tendent vers des structures flexibles et ouvertes mêlant aussi bien de la hiérarchie, des équipes, des communautés que des réseaux. L'Intranet et ses extensions avec Internet et les Extranet constituent ici un facilitateur de telles modifications profondes.

Une autre forme se traduit par le déploiement d'une connaissance organisationnelle. L'Intranet est encore un facteur de changement en ce qui concerne l'essor d'apprentissage organisationnel. Il offre un pont entre des compétences individuelles et des compétences et expériences collectives. En effet, il assure par les outils Groupware les espaces de connaissances, de projet, voire les bases documentaires, la diffusion de valeurs, la remise en question de normes, de schémas de pensée ou de croyances, etc. L'Intranet crée ainsi des plateformes d'interactions sociales favorisant à la fois la constitution de telles connaissances organisationnelles et de compétences collectives (les *ba* décrits plus haut). Dans un tel contexte, des changements plus ou moins profonds s'opèrent.

Enfin, la dernière forme de micro-cycle de changement consiste à travailler dans un espace-temps de l'instantanéité : le changement et les décisions liées ne se placent plus dans des espaces temps plus ou moins longs. Les réactions diffusées au moyen d'un Intranet tiennent de l'immédiateté. Il ne s'agit plus d'attendre une lettre ou une télécopie et de se la faire communiquer, mais de traiter en temps réel bon nombre de questions. On se place dans le champ du changement permanent et d'une actualisation continue des informations et des compétences.

Les différents changements qui s'opèrent par le biais de l'écosystème Intranet sont souvent liés à des considérations d'ordre stratégique. La concrétisation d'un projet d'entreprise est un déclencheur de tels cycles de changement permanent. La résultante de telles pratiques se traduit par des innovations organisationnelles plus ou moins singulières. Ces dernières peuvent alors conduire à l'émergence de nouveaux leviers de performance administrative, voire à de nouveaux risques.

Des processus innovants

Les entreprises connaissent enfin des processus innovants reposant à la fois sur de la veille technologique, un décloisonnement de la fonction R&D et sur des interactions fondées sur des modes projet évolués. L'Intranet apporte plusieurs niveaux de fonctionnalités répondant à de tels objectifs.

Certains outils Intranet évolués (blogs, wikis, forums, espaces de connaissances, etc.) sont assimilables à des plateformes cognitives. En effet, ils connaissent l'existence d'une place (le logiciel, la base, un système de PMO, etc.), d'interactions sociales (relations synchrones et/ou asynchrones) et enfin d'un ou de plusieurs objectifs (résolution de problèmes, etc.). En leur sein, des micro-innovations ou des innovations plus radicales se produisent.

Ces plateformes se constituent soit au sein d'une cellule R&D, d'un groupe de projet ou entre l'une de ces entités et une direction générale, une direction marketing, une direction technique, une communauté, etc. Elles s'affranchissent naturellement des contraintes spatiales et temporelles pour les entreprises globalisées. Les échanges effectués en leur sein s'apparentent à des partages de codes de connaissances plus ou moins structurés. Un langage commun, voire des « codebooks » relativement proches sont indispensables pour qu'ils se produisent.

L'utilisation de telles technologies n'est pas unilatérale dans des relations interindividuelles de résolution de problèmes. En effet, les collaborateurs d'un groupe fonctionnel, d'un département R&D ou d'une communauté peuvent à l'origine échanger des connaissances par leur biais, puis se rencontrer physiquement dans un lieu, comme une salle de réunion ou de visioconférence. La part des connaissances tacites inhérente à toutes les connaissances codifiées doit pouvoir être transmise ou partagée par cet effort de personnalisation de l'échange.

L'exposé démontre donc que des plateformes cognitives virtuelles combinées à des plateformes physiques peuvent s'articuler dans l'entreprise. Au sein de chacune d'entre elles, des connaissances variées sont partagées, voire capitalisées. Le fruit des fertilisations croisées donne le jour à des connaissances collectives. Elles peuvent à la fois être tacites (représentations partagées) et/ou explicites (modèles formalisés communs, conséquences des interactions, des améliorations technologiques, etc.).

L'Intranet permet le changement dans le cadre de processus d'innovation. Il les supporte, les rend possible et favorise leur mise en œuvre. Il s'agit donc d'un instrument au service d'objectifs innovants.

Quelles limites anticiper ?

L'intégration d'un Intranet dans une entreprise n'est pas sans limites, voire freins potentiels. Il ne s'agit pas de détailler les démarches à mettre en œuvre pour anticiper les dérives. Celles-ci sont exposées plus tard dans cet ouvrage. En fait, il s'agit bien plus d'exposer les nouvelles manifestations internes à l'entreprise lors du déploiement de modules Intranet. Plusieurs dimensions apparaissent régulièrement après le déploiement d'un Intranet. Certaines possèdent des manifestations spécifiques, néanmoins, plusieurs catégories d'effets induits sont globalement identifiables.

L'essor de « routines défensives »

Ces routines sont propres à des individus, voire des groupes d'individus. Ce qualificatif témoigne d'effets liés à des principes de pouvoir et de rétention d'information. Les technologies Groupware ou même certains espaces virtuels sont par définition des plateformes d'échanges et/ou de capitalisation. Des collaborateurs se voient déposséder de leurs prérogatives en devant mettre à disposition certaines informations ou connaissances. Ils entrent — dans leur fonctionnement personnel — dans des logiques de routines défensives.

Des problématiques de confiance

La diversité des interlocuteurs présents autour d'un Intranet implique, lors d'échanges, des principes d'éthique. Seule une confiance partagée permet l'essor de nouvelles formes de flexibilité et de réactivité internes et externes à l'entreprise. Sans cela, les collaborateurs peuvent interrompre leur utilisation des outils ou s'engager dans une logique de routine défensive.

L'effet du passager clandestin

Bien connu dans la littérature économique sur les réseaux, cet effet n'est pas sans rappeler le risque que certains collaborateurs utilisent l'Intranet bien plus comme des consommateurs que comme des acteurs. Aussi, lorsque des règles de sécurité ont été mal définies ou que certains utilisateurs participent à des espaces de connaissances sans y effectuer d'apports, on parle d'un « effet du passager clandestin ». Cette catégorie d'utilisateurs capte des informations et des connaissances sans participation. Cette dernière n'est pas ici financière. Elle se concrétise en apports, synonymes de partages de compétences. La valorisation devient ici immatérielle.

Les collaborateurs hermétiques aux TIC

Pour certains collaborateurs, l'ouverture de la messagerie n'est pas un réflexe ! Dans certains moteurs Workflow, le fait que l'un des correspondants ne réponde pas bloque le processus. Certes, des alertes existent, toutefois elles restent souvent dépendantes de la consultation de la messagerie ou du logiciel spécifique. Ainsi, il existe — quel que soit leur âge ou leur fonction — des collaborateurs ne se donnant pas d'objectif de réactivité dans ce domaine. Ils ne sont parfois aucunement hermétiques à l'Intranet. La non-consultation des outils provient plus de leur comportement dans l'organisation.

La non-couverture de l'ensemble des effectifs de l'entreprise

Les collaborateurs de l'entreprise ne possèdent pas tous une station de travail ou un PDA. Ils n'accèdent ainsi pas dans leur totalité à l'Intranet. Chercher à diffuser les axes d'une nouvelle stratégie ou des informations liées aux ressources humaines à l'ensemble des salariés devient chose difficile.

La captation de savoirs stratégiques

L'ouverture des frontières de l'entreprise aussi bien par des phénomènes communautaires, de réseau ou par des interactions avec des partenaires privilégiés renvoie à des risques de captation de connaissances codifiées « clés ». Ils peuvent survenir lors d'échanges par messagerie, l'accès à certaines bases de connaissances, etc.

Un risque d'éviction des interactions sociales traditionnelles

L'Intranet ne se substitue pas à des relations sociales de nature physique. En effet, ces solutions sont bien des compléments à des rencontres, à des réunions, à des échanges, etc. Elles forment ainsi des instruments facilita-teurs et non des substituts.

Des difficultés interculturelles

L'Intranet pouvant s'appliquer à des entreprises éclatées (disposant de plusieurs sites) et/ou étendues, la cohabitation de plusieurs cultures dans les échanges peut s'avérer difficile. Ces quelques risques doivent être pris en compte dès la méthodologie de projet. Les comités devant assurer la pérennité de l'Intranet doivent être vigilants à de telles dérives. Ces dernières conditionnent ensuite souvent la qualité des interactions et de la circulation d'information et de connaissances dans l'entreprise.

Le passage de la stratégie au système cible

La première partie de cet ouvrage dégage l'ensemble des dimensions à prendre en considération par les porteurs du projet Intranet. Celles-ci sont par nature plurielles, puisqu'elles vont concerner aussi bien l'alignement avec la stratégie de l'entreprise que les ambitions et le(s) périmètre(s) cibles des services Intranet visés que l'entreprise imagine. De tels services vont être directement liés à des besoins fonctionnels qui auront été qualifiés. L'ensemble donne à la fois la production d'une étude d'opportunité — pour évaluer la pertinence du projet et des services cibles — d'une part et la production d'une étude de faisabilité — pour qualifier la faisabilité des besoins dégagés et leur pertinence économique, intangible, etc., — d'autre part.

Ces documents doivent permettre à la direction générale d'effectuer un arbitrage sur les programmes d'investissements à venir. Dans cette optique, un tel travail permet déjà d'avoir une première architecture des modules fonctionnels cibles qui seraient nécessaires pour répondre aux besoins dégagés.

Une fois cet arbitrage effectué, il s'agit de qualifier le système cible des services Intranet à mettre en ligne. Un tel document est la traduction opérationnelle des services Intranet cibles. Aussi, il comprend de nombreuses thématiques :

- architecture fonctionnelle ;
- qualification des projets techniques ;
- qualification des enjeux de sécurité des systèmes d'information ;
- qualification des enjeux et des mesures de conduite du changement ;
- qualification du plan de développement et des plannings associés en fonction des priorités de l'entreprise, etc.

Ces différents sujets sont traités et exposés dans la deuxième partie de cet ouvrage.

L'ESSENTIEL À RETENIR

Les facteurs clés de succès d'une définition réussie des objectifs de l'écosystème Intranet sont les suivants :

✓ La qualification des objectifs de l'écosystème Intranet est soit nouvellement conçue soit mise à jour du fait de nouvelles ambitions.

✓ Les objectifs sont ou pas alignés avec le projet d'entreprise, les objectifs de performance de celle-ci, voire ses ambitions managériales et organisationnelles. Il est naturellement conseillé d'aligner de tels objectifs avec ceux du projet d'entreprise.

✓ Les objectifs présupposent la définition de priorités. Ces dernières seront traduites sous forme de jalons à mener et à atteindre dans la phase suivante : le système cible.

✓ Les objectifs doivent encore être compatibles avec la culture d'entreprise de l'organisation, ou même son état d'esprit managérial. En effet, en fonction de la coloration de cet état d'esprit (forte centralisation, hiérarchie forte, décentralisation et autonomie, délégation, etc.), l'écosystème Intranet ne sera pas le même...

✓ Pour être portés, les objectifs doivent être validés par la hiérarchie de l'entreprise. Aussi est-il conseillé d'avoir des sponsors internes qui supporteront la démarche et le projet jusqu'à sa phase d'intégration (voir partie 3), voire au-delà.

✓ Les objectifs relatifs à l'Intranet vont aussi être mis en perspective avec des gains tangibles et intangibles pour l'entreprise. Ces éléments seront déterminants pour que des choix soient effectués par la hiérarchie et pour faire adhérer les collaborateurs à votre projet.

✓ L'écosystème Intranet va donc être totalement dépendant de ces objectifs fixés, mais pas uniquement. En effet, comme nous allons le voir, le développement d'usages par les utilisateurs peut engendrer que l'écosystème évolue lui-même. La gouvernance et l'animation futures de l'Intranet devront prendre en considération ces dimensions.

Conclusion partie 1

La direction générale, voire la direction fonctionnelle en charge du projet Intranet, doit retenir à la fin des étapes successives d'**étude d'opportunité** et d'**étude de faisabilité** l'un des scénarios proposés. Naturellement, ce dernier peut être la combinaison de plusieurs principes de deux scénarios. Le scénario validé doit dorénavant devenir un plan d'actions tangible. Il est alors décomposé de manière macroscopique en projets et sous-projets. Ces derniers représentent aussi bien des outils Intranet que des modules spécifiques qui permettront d'atteindre la cible en termes d'écosystème Intranet.

L'ordonnancement dans le temps de ces projets, voire leurs interrelations, seront décrites de manière détaillée dans la phase suivante du système cible. Il va former le chemin critique du projet Intranet et s'intègre dans la stratégie de système d'information. Il met en exergue les implications organisationnelles et techniques.

Pour chacun des projets inscrits dans la stratégie de l'écosystème Intranet, une fiche « objectif » sera décrite. On y trouvera les objectifs du projet, son périmètre fonctionnel, les modules Intranet visés, les implications financières, humaines et organisationnelles associées, les liens de dépendance entre les projets, voire les actions y figurant.

Selon les ambitions de cette stratégie, plusieurs projets pourront être lancés simultanément. Des chefs de projet spécifiques seront nommés et les principes d'ingénierie simultanée appliqués. C'est à ce stade également que les besoins en formation sont qualifiés. Un plan de formation global est formalisé. Il peut être associé aussi bien à un projet qu'à l'enclenchement de plusieurs.

Traduire la stratégie cible en projets, en fonctionnalités et en pré-requis de succès : tels sont les objectifs de la deuxième partie de cet ouvrage.

Partie 2

Les **axes stratégiques** du projet Intranet et de son écosystème ont été validés dans la phase précédente. Ils ont donné lieu bien souvent à des arbitrages, à des réflexions variées, voire à des confrontations constructives. En d'autres termes, le management de l'entreprise et un certain nombre de sponsors sont convaincus de la pertinence des effets d'un écosystème Intranet pour l'organisation, sa performance interne et celle dans son environnement.

Les études menées dans les premières phases du projet sont d'un caractère général, même si des données tangibles et intangibles ont permis de caractériser, faire du benchmarking et démontrer la rentabilité des solutions.

Les phases présentées ci-après vont, quant à elles, répondre à deux grands objectifs : permettre de qualifier finement les besoins et les fonctionnalités ; sécuriser la concrétisation de ces derniers. Aussi, plusieurs étapes vont-elles être ordonnancées... Il est possible parfois d'aller beaucoup plus vite... Cela est déconseillé pour de grands projets comme les portails ou les bureaux virtuels.

Quelles sont ces étapes ? Elles sont au nombre de quatre :

▶ la modélisation de l'architecture fonctionnelle : représentation conceptuelle et logique des futures fonctionnalités visées ;

▷ la modélisation applicative et technologique : traduction sous forme de modules applicatifs et d'infrastructures techniques de l'architecture fonctionnelle cible ;

▷ la modélisation d'un système cible, réel document de concrétisation de la stratégie, sous forme de plans d'actions, budgets, plannings, prérequis, dispositifs de gouvernance, etc. ;

▷ la formalisation du cahier des charges central et le processus de choix définitif.

Le synoptique ci-après indique la progression poursuivie.

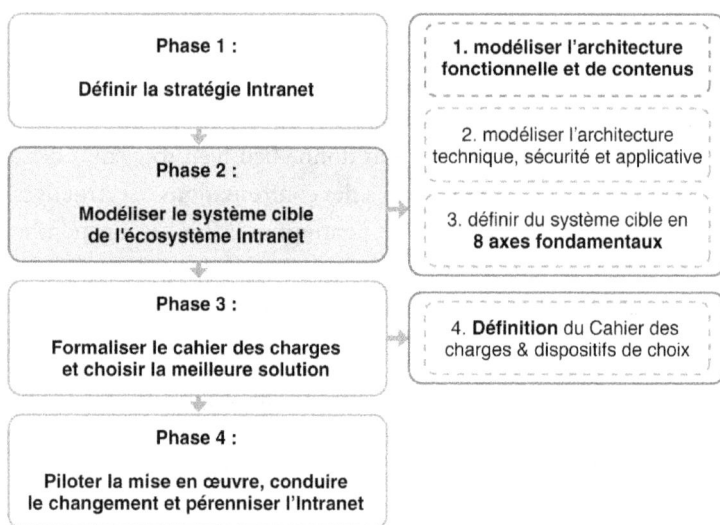

Figure 25 : Évolutions des services et écosystèmes Intranet

Les quatre principales phases décrites ci-après font appel à des populations plus expertes. Il ne s'agit néanmoins pas d'éloigner les utilisateurs d'un tel processus. En effet, les différents travaux sur les fonctionnalités, les modules applicatifs cibles, etc., vont directement conditionner l'écosystème Intranet à venir. Aussi, celui-ci ne doit aucunement être perdu de vue… Les porteurs du projet doivent conserver à l'esprit que si les fonctionnalités, l'ergonomie, la réponse aux besoins métier, aux exigences de performance devront trouver des réponses concrètes et atteignables dans le système cible et dans les solutions sélectionnées, l'écosystème est aussi fait d'une culture d'entreprise, de multitudes de croyances, de pratiques, d'usages, d'une intégration dans un corpus organisationnel, etc.

Un réel défi existe donc pour les porteurs du projet : adopter et maintenir une démarche professionnelle et rigoureuse permettant le choix tout en conservant des parts de créativité et d'attention quant aux dimensions sociologiques de l'écosystème…

Chapitre 1

Modéliser l'architecture fonctionnelle et de contenu

Les objectifs stratégiques ont été identifiés dans la phase précédente. Il s'agit à présent de définir les fonctionnalités et contenus de l'Intranet permettant de les atteindre. Les contenus correspondent à la « matière » qui sera communiquée et partagée sur l'Intranet (par exemple des contenus informatifs, des fichiers bureautiques, de la vidéo). Les fonctionnalités désignent les outils rendant possibles des actions sur ces contenus : la publication, la recherche, la modification, la collaboration, etc.

Modéliser **l'architecture fonctionnelle et de contenu** permet ainsi de traduire les objectifs stratégiques des managers en spécifications fonctionnelles pour le futur Intranet. Cette phase de retranscription d'objectifs en de telles spécifications se doit d'être hautement participative. Elle s'appuie sur des groupes de travail thématiques, constitués de futurs utilisateurs issus des principaux métiers concernés.

Définir les fonctionnalités des outils Intranet

Savoir identifier les axes de travail

Le rôle de ces groupes de travail ou « ateliers » est de retranscrire les objectifs managériaux en besoins fonctionnels, qui se concrétiseront ensuite en outils et services Intranet. Un mandat est donné à chaque groupe.

Pour être pertinents et productifs, les groupes devront être ciblés sur un périmètre précis. L'enjeu pour le chef de projet est de concevoir ces ateliers (thématique et composition), suivant les objectifs identifiés dans la phase de définition de la stratégie Intranet.

BON À SAVOIR

Connaissance de la couverture fonctionnelle des outils Intranet

Afin d'organiser et d'animer efficacement les groupes de travail, le chef de projet doit au préalable avoir une connaissance approfondie des principales « briques » fonctionnelles constitutives d'un Intranet. Elles sont présentées dans le chapitre 2 de la première partie, « Connaître les fonctionnalités et outils de l'Intranet 2.0 ».

Le mandat donné à chaque membre des groupes de travail prévoit de :

▸ représenter les besoins utilisateurs, être porte-parole des directions métier ;

▸ exprimer les attentes par rapport aux outils Intranet dans le périmètre fonctionnel donné au groupe ;

▸ participer à évaluer la faisabilité de mise en œuvre des outils en fonction de l'existant et du contexte technique et organisationnel ;

▸ définir les priorités.

Le tableau ci-après propose des exemples de correspondance entre objectifs managériaux et outils Intranet.

Objectifs stratégiques	Outil Intranet/groupe de travail
Développement de la transversalité et des pratiques collaboratives	Espaces de travail collaboratifs
Optimisation des transactions/ procédures répétitives	Dématérialisation des procédures (téléprocédures)
Rationalisation du partage documentaire	Gestion Électronique de Documents (GED)
Optimisation de la diffusion de contenus	Gestion de contenu
Développement de la décentralisation et des phénomènes communautaires	Outils d'interaction du Web 2.0

Chacune des fonctionnalités présentées dans le chapitre 2 de la partie précédente, « Connaître les fonctionnalités et outils de l'Intranet 2.0 » fait poten-

© Groupe Eyrolles

tiellement l'objet d'un groupe de travail dédié. Peuvent s'y ajouter des ateliers supplémentaires correspondants à des besoins métiers spécifiques.

Composer et animer les groupes de travail

La mise en œuvre d'un Intranet constitue un projet transversal, visant à déployer une solution partagée par tous. Aussi convient-il d'appliquer ce principe de transversalité dès la composition des groupes de travail.

Des groupes de travail transversaux aux directions métier

Gérer du contenu, publier des documents, travailler en mode projet, etc., sont des activités partagées par toutes les directions métier. Afin de concevoir une solution homogène et adaptée aux besoins de tous, tout en prenant en compte les spécificités de chacun, il est préconisé de créer des groupes de travail thématiques intégrant des représentants des différentes directions métier. À ce stade, des groupes de travail par direction ou par service constituent un risque de cloisonnement et surtout d'hétérogénéité des besoins à satisfaire. Bien entendu, certains services jouent un rôle prépondérant dans les groupes, par exemple une direction de l'organisation dans un atelier sur le travail collaboratif ou un service documentation dans un atelier sur le partage documentaire.

Processus itératif

Plusieurs itérations d'un même atelier de travail sont nécessaires, afin de mûrir le besoin par étapes. Un minimum de trois réunions est à prévoir pour recenser le besoin, synthétiser et définir les priorités, puis valider une solution cible.

Réunion 1	Réunion 2	Réunion 3
Recensement exhaustif des besoins sous forme de brainstorming	Consolidation des besoins, ordonnancement et définition des priorités	Présentation et validation d'une solution cible

Entre chaque réunion, les participants font remonter l'information auprès de leur direction respective afin de valider les orientations. L'animateur, quant à lui, formalise les attentes et modélise une solution. Voici les ordres du jour type pour les deux premières réunions d'un atelier « Travail collaboratif ».

BON À SAVOIR

Ordre du jour - première réunion de l'atelier « Travail collaboratif »

1. Recensement des pratiques collaboratives :
   * types de projets gérés et communautés de travail existantes ;
   * catégorisation des acteurs et leurs rôles ;
   * identification des contenus partagés ;
   * outils/supports de communication existants.
2. Présentation des fonctionnalités types de travail collaboratif en ligne.
3. Recensement des besoins en termes d'outils de travail collaboratif (brainstorming) :
   * partage de documents ;
   * gestion d'annuaire de contacts ;
   * gestion de planning, d'agenda ;
   * outils d'interaction (forum, blog, sondage, etc.) ;
   * reporting ;
   * gestion des droits et administration de l'espace collaboratif ;
   * etc.
4. Organisation de la poursuite de la démarche

Ordre du jour – seconde réunion de l'atelier « Travail collaboratif »

1. Présentation et validation de la synthèse des besoins en termes d'outils de travail collaboratif.
2. Mise en perspective des besoins par rapport à la maturité des outils disponibles sur le marché, et définition des priorités fonctionnelles.
3. Modélisation d'un ou plusieurs espace(s) de travail collaboratif type(s).
4. Organisation de la poursuite de la démarche : choix d'un projet pilote et prototypage.

Savoir faire exprimer le besoin et aboutir au consensus

La qualité de l'animation des groupes de travail et le leadership du chef de projet sont essentiels. L'enjeu est double.

Aider les utilisateurs à exprimer et formaliser leurs besoins

Pour ce faire, une phase d'éveil est nécessaire. Il s'agit de montrer l'univers des possibles par rapport à la thématique étudiée, idéalement à partir de démonstration en ligne d'outils ou de services Intranet existants. Cependant, des précautions devront être prises pour ne pas trop influencer les utilisateurs — le risque étant alors d'orienter et de canaliser le besoin.

Aboutir au consensus et standardiser au possible le besoin

Il s'agit de traiter les éventuelles divergences de besoins entre les utilisateurs et tendre vers un besoin « standardisé » entre les différentes populations d'utilisateurs. L'objectif est d'aboutir à une solution qui pourra être mutualisée, partagée par tous les utilisateurs, tout en couvrant les besoins de chacun. Une conduite de réunion semi-directive est alors particulièrement appropriée à ce type de réunion. L'animateur suscite le besoin, laisse une totale liberté aux participants dans l'expression de leurs attentes, puis recadre, synthétise et propose des solutions jusqu'à aboutir au consensus.

BON À SAVOIR

S'appuyer sur des démonstrations

S'appuyer sur une démonstration d'outil constitue souvent un bon moyen de susciter le besoin ou d'aider les utilisateurs à les exprimer. Pour cela, le chef de projet pourra s'appuyer sur des outils *open source* disponibles sur Internet et pouvant s'installer en local sur un poste. À titre d'exemple, la solution Jahia (www.jahia.org) pourra illustrer un atelier sur la gestion de contenu ou la problématique portail Alfresco (www.alfresco.com) pourra être support à un atelier sur le partage documentaire.

Distinguer les besoins secondaires et les chantiers satellites

Un atelier fonctionnel dynamique propose généralement une liste exhaustive de besoins. Pour gérer la mise en œuvre de la réponse aux besoins, il est nécessaire de définir les priorités en groupe de travail. Ceci suppose de croiser la faisabilité d'une demande avec son importance pour l'utilisateur et l'alignement avec les objectifs de la direction générale.

La faisabilité répond à des critères techniques, mais également organisationnels et de conduite du changement. Par exemple, la mise en œuvre d'une téléprocédure nécessite qu'un processus soit clairement défini et standardisé pour être informatisé. Bien souvent, des exceptions, des contournements ou le non-respect d'un processus de demande se produisent tacitement dans certaines populations utilisateurs ; ou tout simplement le même processus diffère entre deux directions métier. Dans ce cas, c'est le contexte organisationnel qui représente le frein à la mise en œuvre du service Intranet : soit l'organisation est revue, soit une solution technique complexe, gérant x exceptions, doit être mise en œuvre, avec toutes les lourdeurs que cela implique.

Enfin, certains besoins émis peuvent relever clairement de projets externes au projet Intranet. Il s'agit dans ce cas de les consigner et de s'assurer qu'ils sont pris en compte dans le schéma directeur des systèmes d'information de l'entreprise. Ils peuvent également constituer des chantiers satellites à l'Intranet. C'est-à-dire qu'ils sont menés comme des projets dédiés, en parallèle à l'Intranet, pour déboucher à une interaction entre les deux systèmes mis en œuvre.

Voici trois exemples rencontrés fréquemment pour illustrer ce point.

Le chantier méta-annuaire

La demande consiste à alimenter les champs fonctionnels de l'annuaire Intranet par des données provenant de différentes applications existantes (classiquement l'annuaire d'entreprise Active Directory, une application de gestion des ressources humaines et une base annuaire téléphonie). Pour répondre à ce besoin, il est préconisé de mettre en œuvre un méta-annuaire. Ce dernier désigne un projet structurant et constitue une pierre angulaire du système d'information de l'entreprise. Dans la mesure où il a un impact sur la globalité du système d'information, le projet méta-annuaire doit être mené comme un chantier dédié, en parallèle (voire de préférence en amont) du projet Intranet.

La téléprocédure gérée par une application métier

Un objet de téléprocédure peut consister par exemple à faire une demande de congés *via* l'Intranet. Plutôt que d'effectuer un système d'interfaçage complexe avec l'application de gestion des ressources humaines existante, il est préconisé d'utiliser le client Web de l'application métier, que l'on rendra accessible depuis l'Intranet. Si l'application métier en question n'est techniquement pas prête pour proposer un client Web répondant au besoin, sa mise à jour relève alors d'un chantier dédié, qui sera satellite au projet Intranet.

Le chantier signature électronique

La dématérialisation de certains flux peut nécessiter la mise en œuvre de la signature électronique. Ce mécanisme permet d'authentifier l'auteur d'un document électronique et de garantir son intégrité, par analogie avec la signature manuscrite d'un document papier. Le besoin est d'autant plus important quand l'intranet vise à dématérialiser des circuits de validation. Mais la mise en œuvre d'une architecture de signature électronique (authentification, cryptographie) constitue un projet à mener à part entière, en prenant en compte des besoins plus large que ceux de l'Intranet. En effet, son champ d'application est plus large que l'interne. Elle sera exploitée dans les échanges entre l'organisation et ses partenaires, dans des relations Extranet, voire Internet.

BON À SAVOIR

Responsabiliser les membres des groupes de travail

Afin de limiter la multiplication des itérations des différents ateliers, le chef de projet doit s'assurer que le mandat des groupes de travail est bien compris et validé par les décideurs des différentes directions métier. L'objectif est de responsabiliser les membres du groupe. Ceux-ci doivent assurer au préalable un travail de recensement des besoins au sein de leur direction ou service et être capable, sur des points non fondamentaux, de donner des orientations sans passer systématiquement par une validation ou une nouvelle consultation des collaborateurs. La validation par les décideurs des différentes directions intervient idéalement à l'issue de la troisième itération, sur la base de la solution fonctionnelle cible proposée dans le cadre de l'atelier.

Définir les contenus et modéliser les espaces Intranet

Recenser et structurer les contenus

Les ateliers précédents visaient à modéliser des outils Intranet. Il s'agit ici de définir les contenus, soit la « matière » qui sera traitée par les outils Intranet. Le recensement des contenus se fait par deux approches complémentaires : définir les contenus devant être partagés sur l'Intranet en fonction des objectifs stratégiques définis en amont ; recenser de manière exhaustive tous les contenus concernés de l'entreprise afin d'identifier des opportunités complémentaires, mais également les manques éventuels par rapport aux objectifs stratégiques.

Dans un second temps, la structuration consiste à élaborer une logique de classement et ordonnancement des contenus pour les présenter de la manière la plus intuitive possible à l'utilisateur. Pour faciliter l'immédiateté d'accès aux contenus, certains outils du Web 2.0 présentent des clés de lecture complémentaires, personnalisables par l'utilisateur.

Le recensement et la qualification des contenus

Les objectifs stratégiques de l'Intranet permettent de cibler certains processus métiers, des directions ou services dans le recensement des contenus. Des groupes de travail spécifiques par processus ou par service sont alors organisés. Par exemple, un objectif de « communication interne » conduira à recenser tous les contenus et supports de communication interne existants.

L'inventaire exhaustif s'appuie sur des tableaux de recensement des contenus diffusés dans l'entreprise. Une analyse du résultat doit alors permettre d'établir une cartographie des connaissances de l'entreprise, en rapprochant les contenus entre eux, en les classant par thème et par type de connaissance (technique, stratégique, procédurale, etc.).

La décision de publier ou non les contenus recensés et les priorités dans la publication sont définies par le produit **intérêt x faisabilité**. L'intérêt correspond au degré de réponse aux objectifs stratégiques et à l'utilité du partage du contenu sur l'Intranet. Quant à la faisabilité, elle exprime le degré de « facilité de publication du contenu sur l'intranet ». Celui-ci dépend de la forme du contenu et de son niveau de formalisation :

- publiable en l'état ;
- nécessite retraitement ;
- non structuré ou non formalisé ;
- non informatisé ou format non publiable.

Contenu (exemples)	Émetteur	Cible	Confidentialité	Format	Intérêt	Faisabilité	Archivage
Actualités							
Catalogue de formation							
Information juridique							
...							

Figure 26 : Tableau de recensement des contenus

Pour les contenus validés, le recensement devra être complété par l'identification de son circuit de validation/publication, des fréquences de mise à jour et des volumétries.

Structuration : modéliser l'arborescence Intranet

La modélisation de l'arborescence vise à organiser les contenus Intranet de manière logique et hiérarchisée. La qualité de la structuration des contenus contribue largement à l'« usabilité » et à l'ergonomie de l'Intranet. L'objectif à ce niveau est double : définir un classement logique, intelligible et intuitif pour les utilisateurs ; favoriser au maximum l'immédiateté d'accès aux contenus.

Une méthode efficace consiste à utiliser des outils de « mindmapping » tels que MindManager ou son équivalent *open source* FreeMind. Ils permettent de réaliser une cartographie visuelle d'idées, en regroupant, structurant et associant des mots.

Concrètement, l'utilisation pour la modélisation d'arborescence se fait par itérations :

1. Représenter de manière non structurée les contenus sur le mindmap :

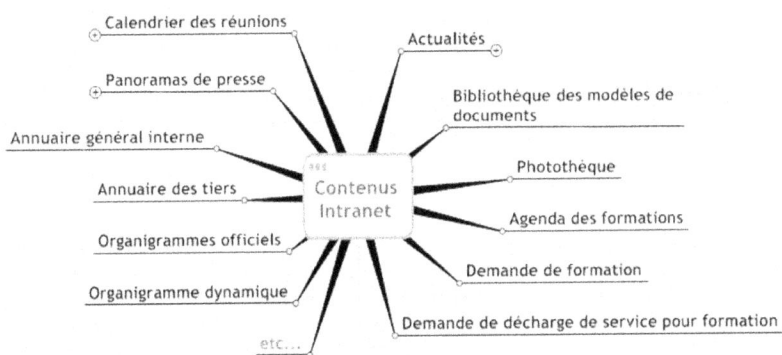

2. Regrouper les contenus suivant une logique de consultation utilisateur :

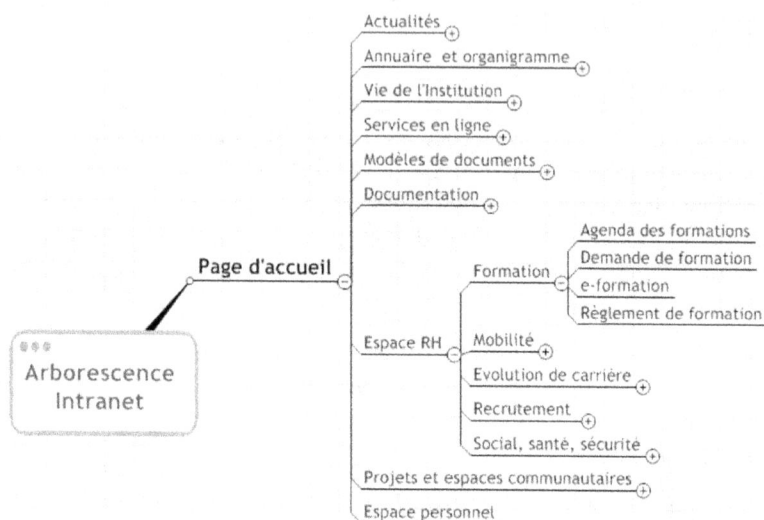

3. Optimiser la structure pour favoriser l'immédiateté (pas plus de trois clics pour accéder à une page).

4. Présenter l'arborescence ainsi obtenue à un panel d'utilisateurs et poursuivre l'optimisation à partir de leurs remarques.

Le résultat final correspond alors à la structuration de l'Intranet en rubriques, sous-rubriques, pages, qui conditionne le chemin emprunté par l'utilisateur pour en consulter les contenus.

BON À SAVOIR

Gérer la tension entre cohérence globale et initiatives déconcentrées

L'Intranet est un outil dynamique alimenté par des populations diverses de contributeurs. L'arborescence, dans son élaboration, puis dans son évolution illustre la tension entre cohérence globale de l'Intranet et développement de l'autonomie et des initiatives déconcentrées. Différents départements, directions et communautés, publieront des contenus et feront évoluer l'arborescence. Afin de conserver une homogénéité dans la structure des contenus, il est indispensable de prévoir dans l'Intranet des espaces semi-directifs à disposition de ces populations utilisateurs (espaces communautaires, espaces directions, espaces projets). L'arborescence de ces espaces pourra être normalisée, en proposant un mix entre des invariants communs à chaque espace, définis en atelier de travail, et un volet libre, permettant de répondre aux besoins spécifiques de chaque population utilisateurs.

Les fonctionnalités et les contenus Intranet ont été définis dans le cadre de groupes de travail dédiés. Il s'agit à présent de définir les interactions entre les outils et les fonctionnalités, en proposant des schémas des écrans Intranet. Cet exercice correspond à la modélisation de la page d'accueil et des principaux espaces Intranet.

Modéliser la page d'accueil et les principaux espaces fonctionnels

Objectif de la modélisation des espaces

La modélisation des espaces vise à croiser les besoins en termes de contenus et des fonctionnalités afin de proposer des structures de pages Intranet. Il s'agit à ce stade de modéliser des gabarits fonctionnels, c'est-à-dire présentant l'agencement des contenus et des outils, et leurs principes de fonctionnement. Il ne s'agit pas encore de gabarits graphiques. Ceux-ci feront l'objet de travaux de conception ergonomique et de charte graphique plus en aval dans le projet.

Les principaux espaces à modéliser en priorité sont la page d'accueil, les pages de contenus types tels que les actualités, et les grandes familles d'espaces fonctionnels (modèles d'espace de travail collaboratif, d'espace direction, bibliothèques de documents, annuaire, etc.).

Méthodologie de modélisation

L'élaboration des modèles de page s'appuie sur trois types d'informations :

- l'arborescence construite en groupes de travail ;
- les fonctionnalités demandées dans les ateliers ;
- l'expérience de la structuration des sites Web, avec la connaissance de principes tels que la personnalisation, les zones de contenus fixes et contextuels, les modèles de site.

Une première tâche consiste à associer des fonctionnalités aux contenus. L'exemple suivant présente ce type d'association :

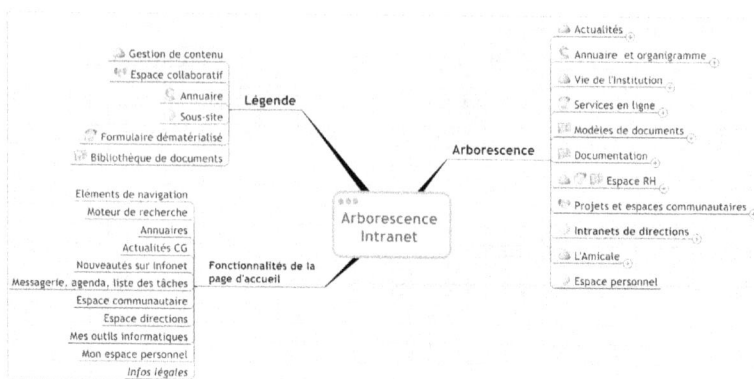

Figure 27 : Association contenus/outils dans l'arborescence Intranet

La seconde tâche vise à élaborer les structures de page, simplement en présentant les différents blocs de contenus et outils sous forme d'un schéma. Il est important de bien séparer la modélisation fonctionnelle de la conception de charte graphique. Le rendu correspond bien à des schémas de pages et non à un habillage de pages, comme présenté sur l'exemple de page d'accueil Intranet suivant :

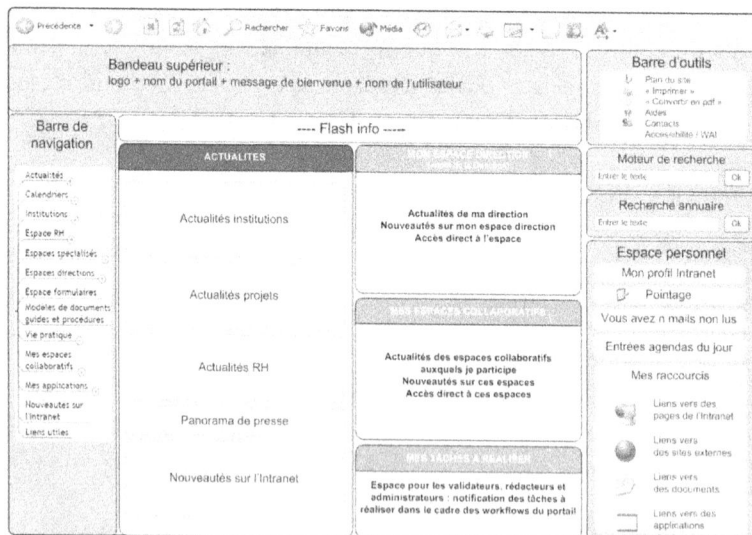

Figure 28 : Exemple de modélisation fonctionnelle de page d'accueil

Remarquons que la modélisation peut se faire directement sur un prototype en ligne, c'est-à-dire à partir d'une solution portail ou de gestion de contenu. Il est cependant plus souple et plus efficace d'élaborer ces pages de manière statique à partir d'un logiciel de création graphique.

Personnalisation implicite et explicite

Le contenu des pages Intranet est adapté à l'utilisateur connecté, suivant deux niveaux de personnalisation possible : implicite et explicite. Il est fondamental de prendre en compte ces notions lors de la modélisation des pages de l'Intranet afin de proposer une ergonomie adaptée aux différents profils de consultations, tout en restant homogène et en proposant des invariants.

La **personnalisation implicite** ou « profiling » est administrée par « en haut » c'est-à-dire par l'entreprise et non l'utilisateur. Elle permet la segmentation des contenus en fonction des spécificités et des besoins de l'utilisateur, de son service, de ses attributions métiers, etc. Le contenu de l'Intranet est alors adapté à l'employé connecté. Chaque utilisateur ne voit apparaître que les contenus pour lesquels il possède les droits d'accès nécessaires, selon la politique de gestion des droits définie par l'organisation. Par exemple, un employé du service finances lira sur sa page d'accueil les actualités de celui-ci et accédera aussi à des informations confidentielles de cette direction.

La **personnalisation explicite** est administrée par « en bas », c'est-à-dire par l'utilisateur. Elle donne à chaque agent la possibilité de s'abonner à certaines informations (flux de contenus), personnaliser certains liens et accès direct, voire ajouter ou supprimer des contenus sur sa page d'accueil (sur le même principe que la page d'accueil personnalisée d'iGoogle par exemple).

Usines à site

L'utilisation d'une « usine à site » est un moyen efficace de déployer de nouveaux espaces Intranet une fois le portail en production. Le principe est de paramétrer un modèle de site pour chacun des espaces récurrents : il s'agit typiquement des sites projets, communautaires et de service. Pour chaque nouveau projet, l'espace Intranet dédié sera alors créé en quelques clics à partir du modèle. Il convient ainsi de modéliser tous les espaces récurrents de ce type.

BON À SAVOIR

L'évolutivité et le suivi statistiques

La plupart des solutions portail et de gestion de contenu permettent une grande souplesse dans la gestion de l'arborescence et l'agencement des contenus sur une page. De plus, les outils statistiques donnent des indicateurs sur le taux de consultation des pages, et les plus performants permettent de retracer le parcours d'un utilisateur, les liens activés, etc. En conséquence, il est possible *a posteriori*, une fois le site en ligne, de remodeler l'arborescence, la mise en avant de certains contenus sur la page d'accueil, etc., afin d'atteindre les objectifs de consultation des contenus clés. Ce principe est largement utilisé sur les sites Internet d'e-commerce afin de mettre en avant des produits, de définir les zones de page les plus attractives, ou même de tester des libellés pour des boutons ou des onglets de navigation. Toutes ces techniques pourront être utilisées pour optimiser l'ergonomie de l'Intranet une fois celui-ci en ligne.

Synthèse et validation des travaux de modélisation fonctionnelle

Synthèse des travaux

La méthodologie proposée dans ce chapitre a permis d'aboutir à ce stade à la formalisation des spécifications suivantes :

- identification des outils Intranet nécessaires à la réponse aux objectifs stratégiques ;
- définition des spécifications fonctionnelles pour chacun de ces outils ;
- définition des contenus de l'Intranet ;
- structuration de l'arborescence ;
- définition des interactions entre les outils et les contenus ;
- modélisation de la page d'accueil Intranet et des principaux espaces.

Parallèlement, les informations suivantes ont été produites :

- identification des chantiers satellites à intégrer dans le schéma directeur des systèmes d'information ;
- recensement d'informations de contexte sur les pratiques et usages dans les différentes directions métier, qui permettront d'alimenter les travaux de conduite du changement.

© Groupe Eyrolles

Validation de l'architecture fonctionnelle cible

Le comité de pilotage peut à présent se réunir pour valider les orientations prises par les groupes de travail. Les enjeux sont ici de deux ordres : démontrer la prise en compte et la réponse aux objectifs validés par le comité de pilotage lors de la Phase 1 du projet ; valider les orientations fonctionnelles prises en s'appuyant sur l'ingénierie participative utilisée. La validation de l'architecture fonctionnelle permet alors d'engager les travaux de définition des solutions logicielles qui fourniront les services Intranet demandés, et de l'architecture technique associée.

L'ESSENTIEL À RETENIR

Les facteurs clés de succès d'une modélisation réussie des besoins fonctionnels sont les suivants :

✓ Définir les axes de travail fonctionnel en fonction des objectifs stratégiques.

✓ Savoir animer les ateliers de travail pour faire exprimer les besoins, définir les priorités et obtenir un consensus par rapport à la diversité des demandes utilisateurs.

✓ Identifier les projets satellites et les intégrer dans le schéma directeur des systèmes d'information.

✓ Procéder à un recensement exhaustif des contenus et définir les priorités par le produit intérêt x faisabilité.

✓ Structurer l'arborescence selon une logique utilisateur et en favorisant au maximum l'immédiateté d'accès aux contenus.

✓ Modéliser les espaces fonctionnels en croisant les contenus et les fonctionnalités attendus.

✓ Faire valider les orientations par le comité de pilotage, en démontrant la réponse aux objectifs stratégiques.

Chapitre 2

Modéliser l'architecture applicative, technique et sécurité

Suite à la définiton des besoins fonctionnels avec la maîtrise d'ouvrage, représentant les futurs utilisateurs de l'Intranet, il s'agit à présent d'identifier les solutions techniques qui permettront leur mise en œuvre.

Les solutions techniques peuvent être étudiées selon trois axes, présentés dans ce chapitre :

▶ l'architecture applicative, correspondant aux solutions progicielles utilisées ;

▶ le dispositif sécurité, visant à garantir confidentialité, disponibilité, intégrité et traçabilité de l'Intranet et de ses contenus ; il se concrétise tant par des choix de dispositif technique (authentification forte, cryptage des flux, architecture haute disponibilité, etc.) qu'organisationnel (charte d'utilisation, politique de mot de passe, contrat de service, etc.) ;

▶ l'architecture technique, correspondant à l'infrastructure matérielle à mettre en œuvre (serveurs, réseau, poste de travail, etc.).

Ces travaux associent à la fois la maîtrise d'œuvre interne (DSI) et maîtrise d'ouvrage. Celle-ci exprime les exigences en termes de fonctionnalités, disponibilité, performance, confidentialités, etc., tandis que la première définit les solutions techniques en capacité de répondre à ces exigences, tout en veillant à assurer la pérennité, l'interopérabilité et l'intégration des solutions dans le référentiel technologique et schéma directeur des systèmes d'information de l'entreprise.

Définition des solutions informatiques pour répondre aux besoins fonctionnels identifiés

Composition de l'architecture applicative

La réponse aux besoins fonctionnels demande d'identifier les différents composants applicatifs qui constitueront l'Intranet. L'enjeu de cette tâche est de construire une solution proche des besoins, maintenable, pérenne, évolutive et intégrée au système d'information. Le schéma suivant illustre les couches qui composent l'architecture applicative Intranet, avec des exemples de composants pour chaque couche.

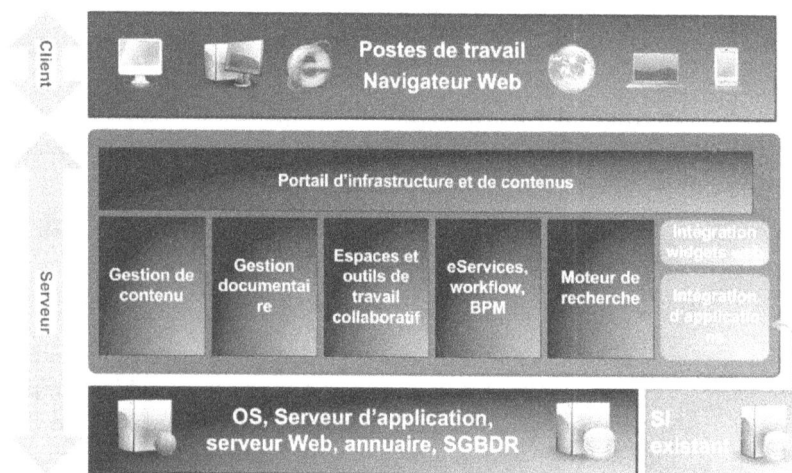

Figure 29 : Exemple d'architecture applicative Intranet

Environnement applicatif du poste client

Les travaux sur l'environnement client s'avèrent relativement simples dans le cadre d'un projet Intranet, dans la mesure où l'utilisateur accède à l'Intranet dans la majorité des cas en client léger, au travers d'un navigateur Web.

Il s'agit alors principalement de définir les navigateurs devant être supportés (Internet Explorer, Mozilla Firefox, Google Chrome, etc.) et leurs versions. À ce niveau, la problématique client Intranet est moins complexe que dans le cadre d'un site Internet. En effet, contrairement à l'Internet, les utilisateurs Intranet sont connus et leur poste de travail est normalement maîtrisé par l'entreprise. L'effort pour rendre le site accessible à tous est ainsi moins important puisque la variété des configurations cliente est moins large.

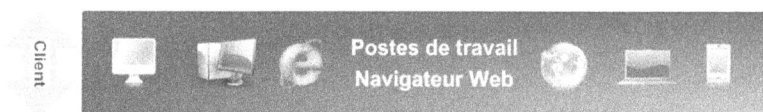

On notera cependant que dans une perspective d'ouverture de certains contenus à des partenaires externes et de mutualisation des solutions entre Intranet et Extranet, il est préconisé de veiller à ce que la solution mise en œuvre puisse être accessible depuis les principaux navigateurs Web du marché. Enfin, les principaux plugin nécessaires à l'exploitation des différents contenus doivent être identifiés et déployés sur les postes de travail. Citons par exemple Adobe Acrobat, Shockwave/Flash, Java Platform, Windows Media Player, Silverlight.

Environnement applicatif du serveur

L'architecture applicative serveur peut être décomposée en deux éléments : composants ou services applicatifs, qui fournissent les fonctionnalités de l'Intranet ; et l'environnement système nécessaire au fonctionnement des composants applicatifs (base de données, serveur Web, annuaire dont principalement LDAP, etc.).

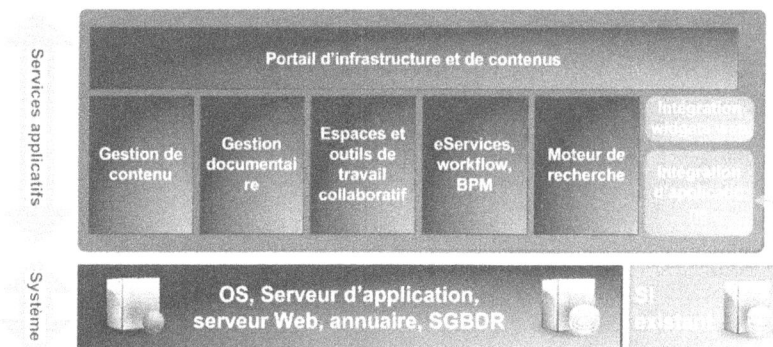

Définition des composants applicatifs

La définition des composants applicatifs de l'Intranet peut s'appuyer sur les différents modules fonctionnels présentés dans le chapitre 2 de la partie précédente : portail, gestion de contenu, gestion documentaire, outils de travail collaboratif, workflow et moteur de recherche. Deux approches sont alors envisageables dans la conception de l'architecture :

1. Solution intégrée et packagée : solution unique qui couvre plusieurs fonctionnalités. Il s'agit par exemple de MOSS de Microsoft, qui fournit à la fois des fonctionnalités de travail collaboratif, de gestion de contenus et un socle portail.

2. Best of breed : assemblage de solutions spécialisées sur chaque besoin fonctionnel. Par exemple, utiliser le portail Liferay et la gestion documentaire Alfresco.

Quel que ce soit le choix d'architecture, cinq objectifs essentiels sont à poursuivre :

- couverture des besoins fonctionnels ;
- intégration et interopérabilité avec le système d'information existant ;
- interopérabilité entre les différents composants applicatifs de l'Intranet ;
- maintenabilité et pérennité de l'ensemble ; à ce niveau, plus l'architecture sera complexe et fera intervenir des composants hétérogènes, plus elle sera difficile à maintenir et moins elle sera pérenne ;
- modularité et évolutivité de l'architecture : capacité à ajouter des composants pour répondre à de nouveaux besoins et à remplacer des composants existants sans remettre en question l'ensemble.

	Solution intégrée	Architecture best of breed
Couverture des besoins fonctionnels	–	+
Intégration et interopérabilité avec le système d'information existant	+	+
Interopérabilité entre les différents composants	+	-
Maintenabilité et pérennité	+	–
Modularité et évolutivité de l'architecture	–	+

BON À SAVOIR

L'Intranet comme brique d'infrastructure

Dans le cas d'un projet Intranet visant une forte intégration avec le système d'information, l'Intranet devra être pris en compte dans l'urbanisation du système d'information. L'architecture applicative ne devra pas seulement définir les interactions entre les différents composants constituant l'Intranet, mais également les interactions entre l'Intranet et les différents applicatifs constituant le système d'information de l'entreprise. Il s'agit typiquement des projets de portail d'infrastructure qui fédèrent l'accès aux applications et contenus du système d'information. Les choix d'architecture et de technologies sont faits en fonction du SI existant. Mais surtout, ils conditionnent ses évolutions : les nouvelles applications devront pouvoir s'intégrer dans le portail et donc respecter ses pré-requis technologiques. Par exemple, pour profiter pleinement des bénéfices d'un portail normalisé JSR-168, il faudra privilégier pour les nouvelles applications celles qui fournissent des portlets JSR-168, afin de pouvoir les intégrer aisément dans le portail.

Définition de l'environnement système

L'environnement système est conditionné d'une part par les pré-requis des composants applicatifs retenus. Par exemple un portail MOSS de Microsoft imposera un environnement système Microsoft (Windows Server, Active Directory, etc.) ; d'autre part par les contraintes imposées par le référentiel technologique de l'entreprise : brique d'infrastructures existantes, solutions supportées par la DSI, langage de développement, etc. L'objectif est d'identifier les solutions du marché (composants applicatifs) qui répondent aux besoins fonctionnels tout en respectant le référentiel technologique de l'entreprise.

Le dispositif de sécurité

Le dispositif de sécurité a pour objectif d'assurer un niveau de disponibilité, d'intégrité, de confidentialité et de traçabilité des fonctions et des contenus de l'Intranet correspondant aux besoins de l'entreprise. Le processus de définition, puis la mise en œuvre du dispositif de sécurité sont les suivants :

1. Le maître d'ouvrage exprime ses besoins de sécurité.
2. L'expert sécurité en déduit les exigences à appliquer au système.

La définition des besoins de sécurité

Les critères d'évaluation

Les besoins de sécurité de l'Intranet résultent des fonctions qu'il assure, indépendamment des contraintes techniques liées à leur mise en œuvre. Les besoins de sécurité sont généralement appréciés selon les quatre critères suivants :

1. **Disponibilité** : aptitude de l'Intranet à remplir une fonction dans des conditions définies d'horaires, de délais et de performances.

2. **Intégrité** : aptitude de l'Intranet à garantir que son contenu n'est modifié que par une action volontaire et licite produisant le résultat attendu ; à identifier l'origine et la destination de l'information lorsque celle-ci est échangée.

3. **Confidentialité** : aptitude de l'Intranet à limiter l'accès à l'information aux seules personnes ayant à en connaître.

4. **Traçabilité** : capacité à identifier individuellement et à décrire toute opération réalisée sur l'Intranet et à l'attribuer à un utilisateur déterminé.

La méthode d'évaluation

Il s'agit de définir le niveau d'exigence pour chacun des quatre critères (disponibilité, intégrité, confidentialité, traçabilité). Cette tâche est assurée par le maître d'ouvrage. Afin de l'assister, il est préconisé de s'appuyer sur des grilles d'évaluation, graduées par niveau d'impact. Voici un exemple de grille d'évaluation sur le critère « disponibilité ».

BON À SAVOIR

Évaluation du niveau de disponibilité

Objet : définition de la durée d'indisponibilité du système au bout de laquelle la gêne ou les retards induits deviennent graves ou majeurs pour le système. Il s'agit d'évaluer la durée d'indisponibilité maximale admissible suite à des événements non prévus ou accidentels.

Type de sinistre	Impact grave ou majeur	1	2	3	4
Gêne	Importante et durable ; recours à des ressources supplémentaires. Insurmontable. Certaines tâches ne seront pas réalisées.	L'impact grave ou majeur survient au-delà de seize heures ouvrées.	L'impact grave ou majeur survient en moins de seize heures ouvrées.	L'impact grave ou majeur survient en moins de quatre heures ouvrées.	L'impact grave ou majeur survient en moins d'une heure.
Retards	Impact visible sur la mission ; perturbations du fonctionnement des services aux « clients ». Impact non tolérable sur le fonctionnement des services aux « clients ».	L'impact grave ou majeur survient au-delà de seize heures ouvrées.	L'impact grave ou majeur survient en moins de seize heures ouvrées.	L'impact grave ou majeur survient en moins de quatre heures ouvrées.	L'impact grave ou majeur survient en moins d'une heure.
Niveau de disponibilité trouvé :					
		☐ 1	☐ 2	☒ 3	☐ 4

Définition des exigences de sécurité

Les exigences de sécurité de l'Intranet portent sur l'Intranet en lui-même et sur son environnement. Elles imposent les mécanismes et des procédures de sécurité à mettre en œuvre. Les exigences de sécurité comprennent :

- les exigences de sécurité propres à l'Intranet ;
- les exigences d'exploitation ;
- les exigences d'utilisation.

Les exigences de sécurité portent sur chacun des quatre critères (disponibilité, intégrité, confidentialité, traçabilité). Une exigence vise à atteindre le niveau de sécurité correspondant au besoin défini par la maîtrise d'ouvrage. Voici un exemple d'exigence associé au niveau de « disponibilité ».

BON À SAVOIR

Exigences de disponibilité

* Motivation de l'exigence : en tant que point d'entrée au système d'information pour tout collaborateur de l'entreprise, le portail Intranet doit être hautement disponible.
* Périmètre : l'Intranet sera déclaré indisponible si l'un des sites quelconques de l'entreprise ne peut accéder à l'une des applications ou contenu normalement accessibles *via* l'Intranet, en raison d'un dysfonctionnement propre à ce dernier ou à des opérations de maintenance sur ce système. Sont donc notamment exclus de cette indisponibilité, les cas suivants :
  - panne sur une des applications externes intégrées au portail ;
  - panne de réseau local ou sur le réseau étendu rendant impossible l'accès à l'Intranet.
* Objectif de disponibilité : la durée maximale admissible d'indisponibilité sera de quatre heures sur une journée (civile de 0 à 24 heures) et de seize heures cumulées par mois calendaire.
* Solutions attendues : il est attendu une solution permettant d'atteindre les objectifs de disponibilité principalement par des moyens matériels et logiciels. En cas d'impossibilité d'atteindre les objectifs de disponibilité par la seule configuration matérielle et logicielle, un dispositif organisationnel adéquat en termes de support et d'intervention doit être élaboré.

Comme nous l'avons vu précédemment, les besoins de sécurité de l'Intranet résultent des fonctions qu'il assure. Ils sont indépendants des contraintes techniques liées à leur mise en œuvre. Une fois les besoins évalués, la **définition des exigences doit rester pragmatique pour être atteignable dans des conditions de coûts et de délais acceptables.**

Plusieurs types de contraintes sont ainsi à prendre en compte :

* techniques ;
* budgétaires ;
* d'environnement ;
* de temps ;
* de méthodes ;
* organisationnelles ;
* d'exploitation du système ;
* de maintenance ;
* d'évolutivité.

L'architecture technique

L'architecture technique, à savoir l'infrastructure matérielle qui va héberger l'Intranet, est définie suivant un double objectif : être adaptée aux prérequis de l'architecture applicative (voir la première partie de ce chapitre) ; permettre de répondre aux exigences de sécurité (voir la seconde partie de ce chapitre).

Les travaux de design d'architecture technique sont abordés dans cette partie selon deux axes principaux :

- le dimensionnement de l'architecture serveurs ;
- la définition de l'architecture réseau et sécurité.

Le dimensionnement de l'architecture serveurs

Enjeux

Trois objectifs conditionnent le dimensionnement. Le premier est la **performance** et le **support de charge** : il s'agit de fournir les capacités nécessaires pour obtenir les performances exigées et supporter la charge (volumétrie utilisateurs et donnée).

Le deuxième objectif est la **disponibilité**, c'est-à-dire assurer la tolérance de panne en déployant des dispositifs matériels et applicatifs si nécessaire (le plus souvent redondance des ressources critiques).

Enfin, le dernier objectif vise à minimiser le **coût du système**. En effet, le choix du type des composants matériels et la configuration des serveurs peuvent influer sur le coût du système. Il faut donc veiller à trouver le meilleur compromis entre performance et coût.

Le choix d'une plateforme serveur appropriée joue un rôle extrêmement important dans le succès du déploiement d'un Intranet.

Éléments méthodologiques

La configuration matérielle (vitesse de l'unité centrale, capacité de mémoire RAM, espace disque disponible, etc.) va dépendre du type d'utilisation du portail et de l'importance du contenu stocké. La majorité des organisations éprouvent des difficultés à prédire le niveau ou le type d'utilisation qui va être observé sur le site. Pour compliquer la situation, ce niveau d'utilisation change fréquemment et augmente avec le temps.

Afin de pouvoir choisir une topologie adaptée au besoin et dimensionner chacun des serveurs de l'architecture retenue, il est nécessaire de procéder à une estimation de la future charge de la plateforme. Certains indicateurs peuvent aider dans le choix de la configuration, comme l'estimation du nombre d'accès à l'Intranet (fonction du nombre d'utilisateur et fréquence d'accès) et la volumétrie ciblée des données.

Il s'agira également d'éviter les goulets d'étranglement qui ralentissent le système. Le dimensionnement d'une plateforme doit en effet être équilibré. En particulier, dans une architecture « n tiers » (où les différents « tiers » sont interdépendants), il faut veiller à éviter qu'un « tiers » du système ne soit pas beaucoup plus lent que les autres et ralentisse ainsi l'ensemble du système.

La conception de l'architecture doit ainsi s'appuyer sur le découpage de l'architecture applicative : quelles infrastructures pour le front end (porte d'entrée à l'Intranet), pour le middle services (les différentes briques fonctionnelles de l'Intranet), et le back end (les données) ? En effet, une architecture bien pensée est celle qui différencie et attribue les ressources adaptées à chacune des briques constituant l'Intranet.

Un maquettage technique doit être réalisé pour valider l'architecture définie. Il vise à tester les performances de l'architecture conçue. Ce maquettage technique comprend principalement :

- mise en œuvre de l'architecture cible, avec un réplica « pilote » si l'architecture le demandait ;
- paramétrage d'un échantillon fonctionnel ;
- réalisation de tests de performances et de montée en charge sur la base de l'échantillon fonctionnel défini par la MOA, sur les différents cas d'utilisateur ;
- synthèse des tests, préconisations et mise à jour du dossier d'architecture.

BON À SAVOIR

Pré-dimensionnement et benchmark

Il n'existe pas de méthode universelle et infaillible pour déterminer le dimensionnement d'une plate-forme Intranet puisqu'il faut considérer que chaque application est différente et que le comportement des utilisateurs n'est pas prévisible à l'avance. Une étude de pré-dimensionnement consiste donc à poser un certain nombre d'hypothèses qui vont permettre de cerner au mieux les conditions de fonctionnement du futur système. La première étape consiste à déterminer les facteurs qui vont influer sur le dimensionnement du système :

* nombre d'utilisateurs simultanés maximums en charge, de pages et taille des pages ;
* considérations d'architecture (répartition, latence, débits, SGBD, etc.) ;
* caractéristiques matérielles (CPU, RAM, Type processeur, etc.) ;
* scénario fonctionnel.

Des séries de tests sont ensuite menées sur la base de ces hypothèses et permettent d'établir un premier benchmark, avec les performances obtenues en fonction du nombre de CPU.

Architecture matérielle pour assurer performance et disponibilité

Les mécanismes les plus communément rencontrés pour assurer les performances et la disponibilité sont les suivants :

* LoadBalancing ou « répartition de charge » : le principe consiste à interposer entre les utilisateurs de l'Intranet et le pool de ressources (serveurs) un dispositif (le répartiteur) qui connaît l'état d'occupation de chaque ressource et peut diriger l'utilisateur vers la ressource la moins occupée ou la plus facilement accessible.
* Fail Over : en cas de panne, basculement automatique vers un autre serveur, le premier ayant été au préalable redondé.

Ces deux mécanismes s'appuient sur le clustering, visant à créer des grappes de serveurs redondants. Le serveur le plus souvent redondé en Intranet est le frontal. La redondance de la base de données est nécessaire en cas d'objectif de disponibilité important.

La définition de l'architecture réseau et sécurité

L'architecture réseau doit elle aussi apporter une réponse aux exigences de sécurité. Elle conditionne tout particulièrement l'atteinte des objectifs de disponibilité et de confidentialité.

Assurer performances et disponibilité

Cela passe par deux étapes. Tout d'abord, il faut **évaluer les capacités**. Avant de déployer l'Intranet, il est nécessaire de s'assurer que tous les utilisateurs pourront l'exploiter dans des conditions (temps de réponse) satisfaisantes. Pour ce faire, il faut comparer les capacités de bande passante (et dans certains cas particuliers de latence) aux besoins futurs associés à l'Intranet. Ces travaux sont d'autant plus nécessaires que le réseau de l'entreprise est éclaté (au sens multi-sites).

Concrètement, la méthodologie peut être la suivante. On peut commencer par cartographier le réseau étendu dans l'entreprise :

- identification de tous les sites ;
- performance des connexions entre les différents sites (bande passante, latence).

Puis on anticipe les usages :

- nombre d'utilisateurs par site ;
- fréquence d'utilisation de l'Intranet sur chaque site ;
- volumétrie de données échangées en local sur site ;
- volumétrie de données échangées entre les sites ;
- identification de pics d'utilisation ;
- en déduire le volume de données transitant en moyenne et sur les pics d'utilisation.

Enfin, il faut comparer les performances réseau existantes aux besoins futurs associés aux usages de l'Intranet.

La seconde étape consiste à apporter des **solutions** : si l'analyse des capacités conclut que le réseau existant de l'entreprise ne permet pas de garantir des conditions d'utilisation acceptables de l'Intranet pour tous les utilisateurs, plusieurs pistes peuvent être envisagées.

1. Améliorer les performances des connexions réseau : c'est l'option à privilégier. Elle profitera à tout le système d'information de l'entreprise.

2. Mettre en œuvre des dispositifs de gestion de la qualité de services et accélérateurs réseau, et/ou des systèmes de gestion de cache.

3. Mettre en œuvre une architecture répartie pour l'Intranet, consistant à installer des plateformes Intranet en local sur les sites ne bénéficiant pas de liens réseau suffisants. Ce système est complexe et coûteux à mettre en œuvre, surtout si des synchronisations bidirectionnelles sont nécessaires.

ARCHITECTURE REPARTIE MULTI-SITES

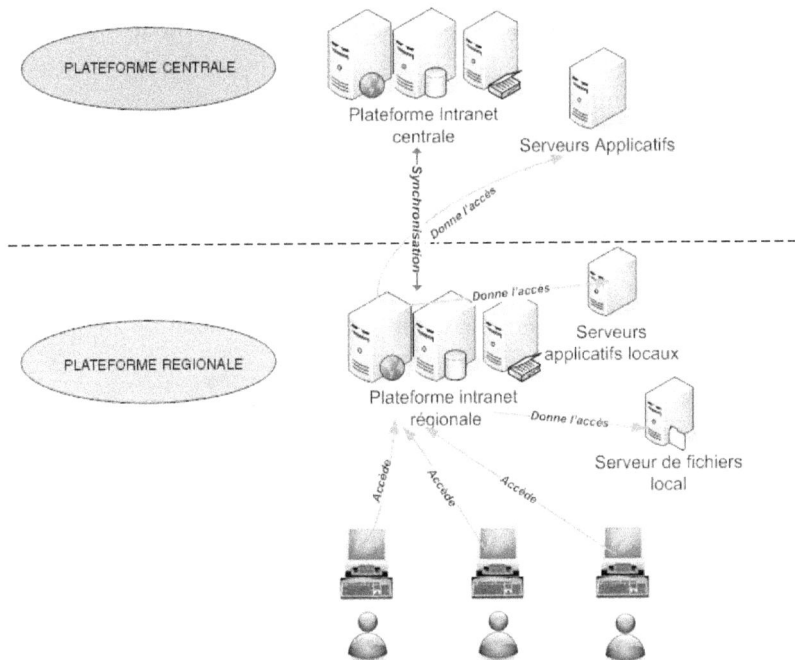

Figure 30 : Représentation d'une architecture Intranet répartie
sur plusieurs sites géographiques

Assurer la confidentialité

Les travaux sur le dispositif de sécurité ont défini des exigences en termes de confidentialité des données de l'Intranet. Il s'agit à présent de mettre en œuvre les solutions permettant d'y répondre. Plusieurs axes sont à prendre en compte, comme la sécurisation des accès, des flux ou des données. La sécurisation des accès concerne tant les accès en consultation que les habilitations et profils pour la manipulation des contenus. Les deux points suivants doivent être pris en compte pour sécuriser les accès.

Le premier est la **gestion des authentifications** : comment s'assurer que l'utilisateur qui tente d'accéder à l'Intranet est bien celui qu'il prétend être ? Plusieurs pistes peuvent être explorées :

- interfaçage de l'Intranet avec l'annuaire central de l'entreprise (LDAP, AD, etc.) ;
- définition d'une politique de mots de passe ;
- gestion des certificats ;
- utilisation d'un système d'authentification forte.

Le second point concerne la **gestion des habilitations** : comment s'assurer que l'utilisateur ne consulte et ne manipule que les données auxquelles il a droit ? Plusieurs pistes peuvent être explorées afin d'optimiser la gestion des droits des utilisateurs :

- administration des droits à travers une console centralisée ;
- propagation des droits utilisateurs entre tous les modules composant l'Intranet ;
- définition du niveau de granularité des droits par fonction et par contenu ;
- délégation de la gestion des droits dans le cadre de sous-sites ;
- système d'héritage des droits entre les différents sites et sous-sites de l'Intranet.

La sécurisation des flux demande quant à elle un point d'attention particulier quand il s'agit d'accéder à l'Intranet depuis l'extérieur du réseau de l'entreprise. Les travaux suivants doivent être menés.

1. Évaluer les besoins
   - des populations utilisateurs devront-elles accéder à l'Intranet en dehors du réseau de l'entreprise ?
   - si oui, avec un PC maîtrisé ? Non maîtrisé ?
   - quel type de terminal (PC, smartphone, etc.) ?
2. Recenser les dispositifs de sécurisation des accès disant existant (type VPN par exemple).
3. Comparer les dispositifs existants avec les besoins futurs associés aux usages de l'Intranet.

Il s'agit au final de proposer un dispositif de sécurisation des accès :

- adapté aux usages futurs de l'Intranet ;
- répondant aux exigences de sécurité ;
- maintenable et à coût maîtrisé.

Actualités

Annuaire et organigramme

Vie de l'Institution

Services en ligne

Modèles de documents

Documentation

Page d'accueil

Formation
- Agenda des formations
- Demande de formation
- e-formation
- Règlement de formation

Espace RH
- Mobilité
- Evolution de carrière
- Recrutement
- Social, santé, sécurité

**Arborescence
Intranet**

Projets et espaces communautaires

Espace personnel

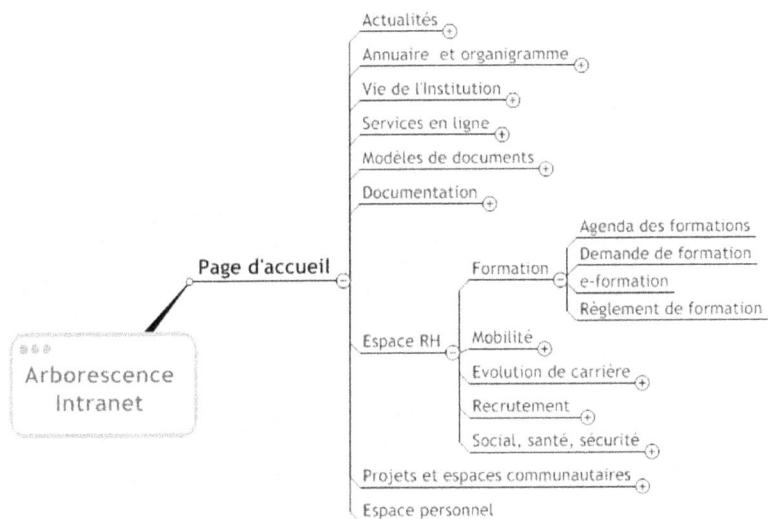

Figure 31 : Représentation de deux scénarios de sécurisation
des accès à l'Intranet depuis l'extérieur du réseau de l'entreprise

L'ESSENTIEL À RETENIR

1. Les facteurs clés de succès pour la modélisation de l'architecture applicative sont les suivants :

✓ Identifier les exigences ou contraintes associées au poste client (principalement le navigateur Web utilisé).

✓ Identifier les composants applicatifs permettant de couvrir chacun des besoins fonctionnels.

✓ S'assurer de la bonne intégration et de la cohabitation des différents composants.

✓ S'assurer que les pré-requis système des différents composants sont en phase avec le référentiel technologique de l'entreprise.

…/…

L'ESSENTIEL À RETENIR

✓ Quel que ce soit le choix d'architecture, cinq objectifs essentiels sont à poursuivre :

- couvrir les besoins fonctionnels ;
- s'assurer de l'intégration et de l'interopérabilité avec le système d'information existant ;
- s'assurer de l'interopérabilité entre les différents composants applicatifs de l'Intranet ;
- prendre en compte la « maintenabilité » et la pérennité de l'ensemble ;
- chercher la modularité et l'évolutivité de l'architecture.

2. Les facteurs clés de succès pour la modélisation du dispositif sécurité sont les suivants :

✓ Faire définir par la maîtrise d'ouvrage les besoins en termes de disponibilité, d'intégrité, de confidentialité et de traçabilité des fonctions et des contenus de l'Intranet et en déduire les exigences de sécurité.

✓ Définir le dispositif de sécurité tant au niveau technique qu'organisationnel.

3. Les facteurs clés de succès pour la modélisation de l'architecture technique sont les suivants :

✓ Savoir anticiper les usages pour évaluer les capacités nécessaires ;

✓ Dimensionner l'architecture cible permettant de répondre aux objectifs de disponibilité et de performances tout en cherchant à maîtriser les coûts ;

✓ Aligner l'architecture technique avec l'architecture applicative cible ;

✓ Mettre en œuvre les systèmes répondant aux objectifs de sécurité et en particulier de confidentialité, en assurant la sécurité des accès, des flux et des données.

Chapitre 3

Le système cible de l'écosystème Intranet 2.0

Le document de système cible est par nature complexe. Il est à la fois un résultat et un pont vers la production d'un cahier des charges.

Un système cible s'adresse à de nombreux acteurs dans l'organisation. Il doit donc être construit de telle manière à ce qu'une variété de fonctions s'y retrouve. Il doit donc être lisible. Pour atteindre cet objectif, le modèle de système cible proposé ci-après est fondé sur **huit axes principaux** par nature complémentaires et s'articulant les uns avec les autres.

Ils ont également pour ambition d'anticiper des enjeux qui n'interviendront que pendant le développement et l'intégration des solutions, voire au-delà lors de l'initialisation du cycle de vie de l'écosystème Intranet. Dans cette optique, deux axes primordiaux vont être détaillés : le premier doit permettre la description du plan de développement de l'écosystème ; le second les conditions de sa gouvernance.

La stratégie de l'écosystème Intranet 2.0 : le système cible

Objectifs

Le système cible forme un document global et pluriel : global dans la mesure où il reprend l'ensemble des objectifs, périmètres, fonctionnalités cibles de l'écosystème Intranet ; pluriel, car il embrasse des domaines variés :

- conduite du changement ;

» architecture fonctionnelle ;

» architecture applicative ;

» architecture technique et sécurité ;

» pré-requis en termes de gouvernance.

Le système cible présente un intérêt manifeste pour plusieurs acteurs internes à l'entreprise.

La direction générale et/ou le secrétariat général

Sous une forme « résumée », le document de système cible donne une réelle visibilité aux décideurs sur le périmètre, sur les conclusions succinctes des études d'opportunité et de faisabilité et sur l'architecture générale de l'écosystème. Cette dernière comprend aussi bien les grandes fonctionnalités cibles, les modalités organisationnelles et applicatives pour les mettre en place, que les structures de gouvernance cibles qui animeront l'écosystème et qui le réguleront et les connexions avec l'ensemble du système d'information. Le plan de développement est encore précisé par de grands jalons ; les besoins en ressources internes et externes sont encore qualifiés.

Le système cible, comme pour la direction générale, devient sous sa forme « résumée » un *vade-mecum* du projet. Il peut prendre, en effet, la forme d'une présentation « plaquette » avec de grands enjeux, des synoptiques lisibles mettant en valeur les fonctionnalités à venir et plus globalement la dynamique et les gains de l'écosystème Intranet.

Les porteurs du projet

Le système cible constitue un réel outil de travail. Il forme le « fil rouge » de la construction et de la mise en ligne de l'Intranet. Il va directement permettre d'anticiper les réservations de ressources financières, humaines et technologiques. Il conditionne la production du cahier des charges et représente donc un réel schéma directeur opérationnel où des enjeux stratégiques et de conduite du changement sont présentés en préambule.

Les maîtrises d'œuvre internes (DSI)

Le système cible leur offre une lisibilité sur les fonctionnalités et sur les architectures techniques à acquérir. Il décrit encore de par le plan de développement les mobilisations d'équipes techniques sur des questions de qualification et de mise en production. Dans la même veine, il permet d'anticiper les innovations technologiques qu'il faudrait prototyper sur des questions d'ubiquité, de téléprésence, de travail collaboratif avancé, etc.

Le système cible forme donc un document riche et destiné à de nombreux décideurs et acteurs de l'entreprise. Il peut donner lieu à de premières communications internes.

Les principaux axes du système cible Intranet 2.0

Le système cible va comprendre plusieurs **axes fondamentaux** complétés par le plan d'actions décrit dans le paragraphe suivant. Le synoptique ci-après synthétise les huit axes fondamentaux du document de système cible. Le détail est le suivant.

Axe 1

Cet ensemble reprend les objectifs stratégiques formulés aux étapes d'étude d'opportunité et de faisabilité. De tels objectifs doivent être totalement lisibles pour des décideurs. Ils peuvent être segmentés et sériés. Ils sont dans la majorité des cas présentés dans la plaquette de synthèse du système cible.

Axe 2

L'architecture globale comprend les principaux résultats décrits dans le précédent chapitre. On y retrouve les objectifs fonctionnels et métiers ; ces derniers peuvent être décomposés par cibles, par populations, par regroupement organisationnel (directions/divisions/services/équipes/équipes projet/communautés, etc.). Les architectures fonctionnelles et applicatives sont présentées et détaillées et forment des éléments d'urbanisme de l'écosystème. Elles doivent être en cohérence avec les réflexions et/ou normes de la DSI. L'architecture technologique, quant à elle, détaille l'ensemble des conditions retenues pour l'hébergement, la disponibilité, l'accès et la sécurité de l'écosystème. Cette architecture, comme décrite

dans le chapitre précédent, présuppose des enjeux de disponibilité multifu-
seaux horaires dans certains cas, d'accessibilité pour les nomades et télétra-
vailleurs, enfin des enjeux de charge.

Axe 3

Les propriétés de l'écosystème comprennent un certain nombre de considérations sur l'ergonomie, les langues, etc. Le cycle de vie forme une
seconde dimension. Il représente les grandes étapes retenues pour la dynamique de montée en puissance. Le plan d'actions — présent dans l'axe 4
— en est la traduction opérationnelle. Le cycle de vie ne doit pas excéder
trois ans.

Axe 4

Il comprend l'ensemble des éléments du plan d'actions permettant
d'atteindre les cibles fonctionnelle, applicative et technique. Il forme le
schéma directeur opérationnel de l'écosystème. Il est décrit dans le détail
dans le paragraphe suivant.

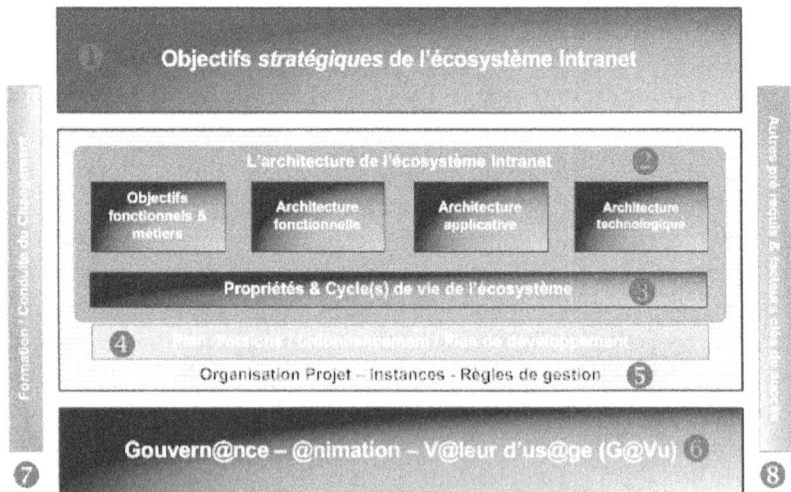

Figure 32 : Les huit axes fondamentaux du système cible

Axe 5

Cet axe décrit les instances projet ainsi que les règles de gestion associées à la vie du projet jusqu'à la mise en production de l'Intranet et des fonctionnalités cibles de la première grande étape du cycle de vie. Par nature, ces instances et règles ont une durée de vie limitée dans le temps. Elles pourront être réutilisées de grand jalon en grand jalon du cycle de vie uniquement.

Axe 6

Ce sixième axe est stratégique dans la mesure où il décrit à la fois les principes de régulation, de dynamisation et de compétitivité de l'écosystème Intranet. Cet axe est un concept à part entière dont l'acronyme est le G@Vu pour Gouvernance@nimationValeurd'usage... Lorsque les trois dimensions sont réunies, elles forment les quatre @@@@ de performance de l'écosystème. Ce dernier est donc gouverné ; un dispositif d'animation est en œuvre ; et le développement de sa valeur d'usage constitue une priorité... Ces dimensions sont détaillées dans la dernière partie de l'ouvrage.

Axe 7

Il comprend les dispositifs de formation et de conduite du changement. Ces derniers sont intégrés d'une part dans le plan d'actions lors des mises en production de nouvelles fonctionnalités et dans le G@Vu pour le fonctionnement courant. Ces aspects sont encore détaillés dans la dernière partie de l'ouvrage.

Axe 8

Le dernier axe n'est pas là uniquement pour que l'on soit exhaustif... Il est en effet essentiel. Il comprend l'ensemble des pré-requis managériaux, organisationnels, techniques, etc., qui ont été dégagés à la fois dans la phase d'étude de faisabilité et dans celle de préparation de l'architecture.

Le plan d'actions : un schéma directeur opérationnel

Le système cible comprend un schéma directeur opérationnel, réel plan d'actions de déploiement de l'Intranet. Au-delà, il présente d'autres caractéristiques comme les budgets à anticiper en investissement et en charges de fonctionnement. Ces données sont évaluées normalement de manière pluriannuelle. L'unité d'œuvre du schéma directeur opérationnel est le projet (certaines entreprises le surnomment « chantier »). Afin d'atteindre l'architecture de l'écosystème Intranet (voir l'axe 2 plus haut), un découpage en projets est réalisé. Chaque projet est détaillé au moyen d'une fiche projet spécifique. Elles sont ensuite ordonnancées dans le temps.

L'ordonnancement dans le temps de ces projets, voire leurs interrelations, est décrit. Il forme le chemin critique du projet Intranet et s'intègre dans la stratégie de système d'information. Il met en exergue les implications organisationnelles et techniques.

BON À SAVOIR

Réussir l'ordonnancement

Imaginons une entreprise multi-sites du secteur tertiaire. Elle a identifié qu'en complément de son système de gestion, ses équipes en région détenaient des besoins de communication et de capitalisation inter-sites. Le chemin critique suivant a été retenu :

- Projet 1 : choix et déploiement de solutions Groupware globales :
    - Projet 1.1 : choix d'une infrastructure WAN sécurisée.
    - Projet 1.2 : définition des règles de fonctionnement et des types d'information transmis.
    - Projet 1.3 : mutualisation des accès Internet.
- Projet 2 : choix et déploiement d'une solution de gestion documentaire intégrée dans un portail organisationnel :
    - Projet 2.1 : choix, conception et déploiement d'une solution portail modulaire.
    - Projet 2.2 : intégration de contenus (informations, statistiques) et d'un module de GED (procédures, documentations administratives, techniques, etc.).
- Projet 3 : choix de solutions Workflow :
    - Projet 3.1 : définition des schémas organisationnels « cibles ».
    - Projet 3.2 : choix, conception et déploiement d'une solution « moteur de workflow ».

Comme mentionné, une fiche « objectif » est créée pour chacun des projets inscrits dans le schéma directeur opérationnel. On y trouve les objectifs du projet, son périmètre fonctionnel, les modules Intranet visés, les implications financières, humaines et organisationnelles associées, les liens de dépendance entre les projets, voire les actions qu'ils contiennent.

Selon les ambitions du projet Intranet, plusieurs projets pourront être lancés simultanément. Des chefs de projet spécifiques seront nommés et les principes d'ingénierie simultanée seront appliqués. C'est à ce stade également que les besoins en formation sont qualifiés. Un plan de formation global est formalisé et peut être associé aussi bien à un projet ou à l'enclenchement de plusieurs.

Les enjeux connexes

Plusieurs axes du système cible présupposent des enjeux connexes qu'il convient de traiter dès cette phase. Les principaux relèvent de l'organisation ou plus globalement de la transformation que peut impliquer la réflexion sur des services dématérialisés, puis de leur déploiement.

La transformation de l'organisation

De tels processus vont avoir un impact sur l'organisation, sans compter les nouveaux usages qu'ils engendreront. En touchant l'organisation, ils la transforment de manière consciente et/ou inconsciente ; de manière dirigée et/ou subie ; de manière programmée et/ou réactive, etc. Ces implications organisationnelles se situent bien souvent à la frontière avec d'autres projets internes à l'organisation. Il est donc primordial dans le cadre du système cible de préciser les périmètres.

Plus concrètement encore, de telles implications ont trait aux changements pressentis. Pour certains systèmes Intranet comme les moteurs de work-flow, les modules de gestion documentaire ou encore les portails, des processus doivent être modélisés. Chacun d'entre eux se décompose en autant d'activités et de ressources. Le processus est séquencé en étapes et présuppose l'accès à des compétences de collaborateurs variés. Des solutions spécifiques d'aide à la formalisation de processus sont souvent nécessaires (applicatifs Arist, Mega, Visio, etc.).

À la suite d'un tel travail de formalisation, les processus sont validés par les instances compétentes et par les utilisateurs concernés. Ils impliquent plusieurs catégories de volumétrie : nombre de licences nécessaires pour les rédacteurs (utilisateur chargé de nourrir le processus d'information et/ou d'en valider le contenu à une étape donnée), nombre de licences utilisateurs traditionnels, volumétrie par type de documents à capitaliser, etc.

Imaginer les métiers de demain

La pluralité des choix effectués en termes de projet implique la création de nouveaux métiers, voire l'évolution intrinsèque de certaines fonctions. Les nouveaux métiers concernent aussi bien les directions informatiques que les membres de certaines fonctions. En effet, des directions des ressources humaines vont, par exemple, voir naître des fonctions d'administration et de mise à jour des bases d'information et de contenu.

Anticiper les besoins de « helpdesk » à venir

Le déploiement de nouvelles solutions logicielles implique de nouveaux besoins d'assistance pour les utilisateurs. Le traitement des incidents doit être anticipé et évalué. Un dispositif interne ou externalisé d'assistance doit être qualifié.

L'intégration dans la stratégie organisationnelle de l'entreprise

Les systèmes Intranet retenus à l'échelle du schéma directeur Intranet n'ont pas pour objectif de se substituer à des interactions sociales traditionnelles ou à des systèmes organisationnels en place. L'objectif n'est pas là. Il se situe bien plus dans une recherche de facilitateurs et de catalyseurs à l'échelle de l'organisation. Les systèmes visés doivent donc s'intégrer dans les schémas organisationnels de l'entreprise.

L'intégration dans la stratégie de système d'information

Enfin, le choix des solutions techniques ne doit pas omettre de mettre ces dernières en perspective dans la stratégie de système d'information de l'entreprise. Les recommandations effectuées dans la deuxième partie de cet ouvrage peuvent servir de fondements à de telles réflexions. Les différents projets validés par la direction de l'entreprise impliquent des actions de réalisation. Celles-ci se concrétisent de deux manières : effectuer des développements internes et/ou sélectionner des solutions de marché. Dans les deux cas, un cahier des charges est indispensable. Le prochain chapitre explore principalement cette seconde hypothèse.

Les dispositifs et les règles cibles de fonctionnement

Le troisième axe du système cible comprend un certain nombre de propriétés décrites ci-après dans des paragraphes à part entière au regard de leur spécificité. Les propriétés décrites devront faire l'objet de clauses du futur cahier des charges.

Ergonomie, charte graphique et langues

L'ergonomie doit être par nature simple, intuitive et homogène. Elle conditionne l'appropriation des solutions Intranet par les utilisateurs et la réussite du projet. Elle doit faciliter en outre la formation et la prise de main des différents outils mis à disposition.

La charte graphique, quant à elle, doit respecter à la fois les critères techniques requis par la solution et les attentes de convivialité et performance des utilisateurs. De plus, elle ne devra pas dénaturer les solutions logicielles proposées afin de garantir leur pérennité et leur évolutivité.

La spécification de la charte graphique et de l'ergonomie doit se situer en amont de la réalisation du projet en impliquant au maximum les futurs utilisateurs. Le schéma directeur opérationnel doit faire état de cette contrainte. Le graphisme ne doit pas alourdir le chargement du portail ni gêner la lecture à l'écran, quelles que soient les conditions de consultation, mais favorisera le repérage de l'information utile et l'accès aux contenus.

Par ailleurs, la charte graphique doit répondre bien souvent à des dispositifs normatifs internes à l'entreprise. Les exigences en termes de charte graphique sont bien souvent pilotées par des ressources d'une direction de la communication interne et externe.

Enfin, s'agissant de la langue, il faut anticiper dès le système cible quelles seront les langues présentes et autorisées.

Les enjeux liés aux préconisations d'accessibilité « AccessiWeb » ou RGAA

En France, la loi oblige les organisations possédant des supports dématérialisés de types Internet et Intranet à garantir leur accessibilité. Il est donc essentiel dans le système cible de fixer un objectif en termes d'accessibilité maximale aux contenus. L'entreprise peut s'appuyer sur le référentiel AccessiWeb ou RGAA. Le niveau d'exigence à ce niveau correspond à l'AccessiWeb niveau bronze.

Dans cette perspective, les solutions mises en œuvre doivent permettre de remplir au minimum les cinquante-cinq critères permettant l'obtention du label AccessiWeb de bronze. La grille de quatre-vingt-douze critères AccessiWeb est consultable à l'adresse www.accessiweb.org/fr/Label_Accessibilite/ criteres_accessiweb/. Il est essentiel de définir et formaliser les procédures permettant aux contributeurs de publier des contenus respectant les critères d'accessibilité. Ce point doit être pris en compte dans la production des supports de formation pour les contributeurs.

Règles d'administration

Des outils d'administration conviviaux et intuitifs doivent permettre de mener efficacement toutes les opérations d'administration technique et fonctionnelle du futur Intranet.

BON À SAVOIR

L'administration à anticiper

Plusieurs dimensions sont à qualifier de manière macroscopique :

- l'administration technique ;
- les tâches d'administration fonctionnelles ;
- la gestion des espaces collaboratifs.

Ces dimensions impliquent de nouvelles fonctions, une redistribution des ressources et des charges dans certains cas.

Enjeux de traçabilité

Il s'agit là aussi d'anticiper les enjeux liés à la traçabilité et ce dès le système cible. Il est nécessaire de disposer d'outils permettant d'identifier les erreurs, d'analyser les performances et de tracer des événements à la demande au sein même des applications et des routines de l'écosystème.

Gestion des droits, accréditation et sécurisation des contenus

D'autres dimensions doivent être anticipées dès la phase de système cible : quelle gestion des authentifications et des droits choisir et déterminer leur implication en termes d'architecture d'annuaire. Il est donc essentiel de qualifier les dispositifs à faire évoluer, à connecter et/ou à stabiliser. Ils formeront autant de fiches projets que nécessaire. Ces dimensions seront qualifiées finement lors de la phase d'intégration.

Bonnes pratiques et retours d'expériences… dix ans déjà !

Depuis plus de dix ans — à partir de 1998 — les écosystèmes Intranet ont peu ou prou pris forme et se sont structurés. L'écosystème Internet a suivi, parallèlement parfois même indépendamment, le même cheminement, mais avec un large temps d'avance. L'idée poursuivie ci-après est de présenter en deux grands paragraphes un recueil de quelques bonnes pratiques.

Un exemple de cycle de vie d'écosystème Intranet

Le cycle de vie de l'écosystème constitue un axe à part entière du système cible. Le synoptique ci-après présente les trois principaux grands jalons d'un écosystème existant.

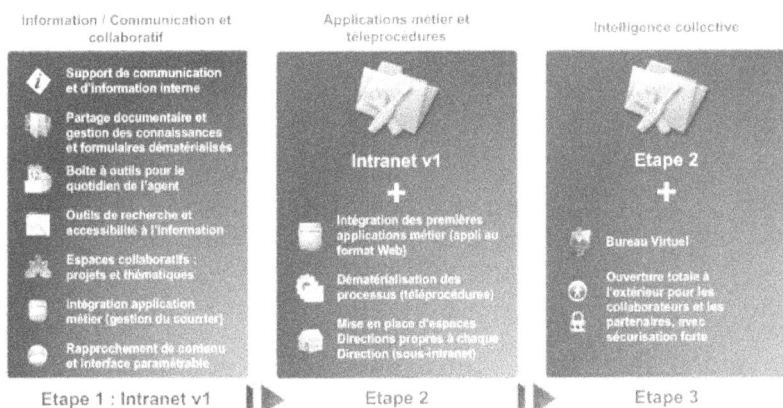

Figure 33 : Un exemple de cycle de vie d'écosystème Intranet

On peut imaginer de qualifier les architectures fonctionnelle, applicative et technique correspondantes à chacune de ces étapes du cycle de vie. Il en est de même pour les budgets, les dispositifs de conduite du changement ou encore les principes G@Vu. Dans la même veine, il pourra être possible d'associer de tels principes organisationnels du G@Vu à chaque jalon. Cette nouvelle figure propose une représentation des évolutions.

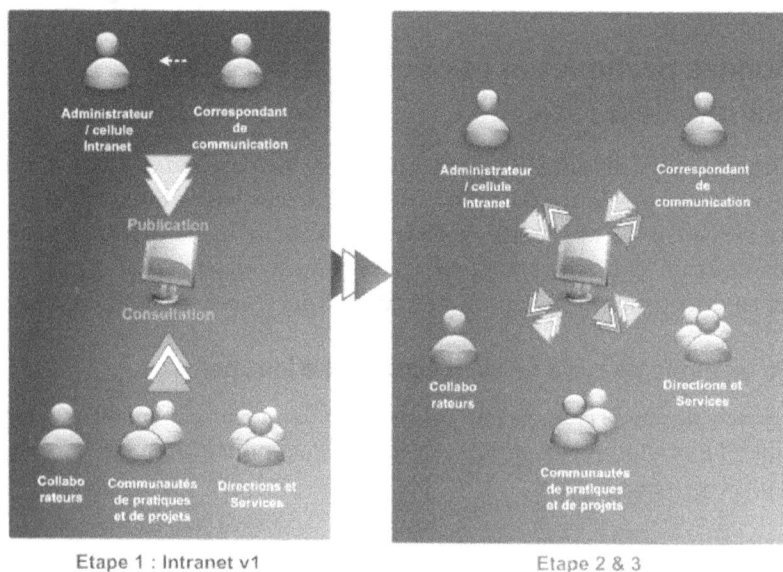

Etape 1 : Intranet v1 Etape 2 & 3

Figure 34 : Cycle de vie et degré d'interactivité des acteurs de l'écosystème Intranet

Un tel travail sur le cycle de vie à l'échelle du système cible pourra aussi permettre d'en dégager la valeur ajoutée et les enjeux pour chacune des grandes étapes. La matrice ci-dessous en donne un dernier exemple.

	Étape 1	Étape 2	Étape 3
Apports fonctionnels	Outils transversaux : • Communication, • Partage documentaire • Coordination • Espace collaboratif • Application métier et formulaire en ligne	Généralisation : • Outils de travail collaboratif • Espaces directions • Téléprocédures	Bureau virtuel Accès distant Personnalisation avancée
Enjeux organi-sationnels	Mise en œuvre de l'instance de pilotage Intranet Formation utilisateurs Définition des principes d'administration	Généralisation de la mise à jour décentralisée Rationalisation de processus Définition des principes de gouvernance	Organisation (support et utilisateurs) associée au travail à distance
Enjeux techniques	Mise en œuvre du socle Intranet	Ouverture progressive du SI vers l'extérieur « Webisation » progressive du SI	Ouverture du SI vers l'extérieur « Webisation » du SI Support à l'Internet

Figure 35 : Cycle de vie et enjeux associés – Une synthèse

Quelles sources d'échecs ?

Dès le lancement du projet Intranet, le chef de projet doit apprécier les sources d'échecs. Ces dernières peuvent nourrir à la fois un management des risques — nous sommes ici dans l'anticipation — et la qualification de pré-requis et autres facteurs clés de succès. Ces dimensions constituent des composantes du système cible. Plusieurs origines potentielles d'échecs sont proposées ci-après, elles aussi le fruit d'expériences variées.

Les objectifs du projet ne sont pas établis

Cette source traditionnelle d'échec de bon nombre de projets s'applique aussi aux systèmes Intranet et à leur écosystème. Ces derniers étant bien souvent considérés comme des projets d'organisation, il est essentiel que la direction générale assigne au chef de projet des objectifs clairs et tangibles. Le caractère transversal des travaux ne doit pas être négligé.

Les dimensions techniques du projet sont primordiales

Pour certains chefs de projet, les dimensions informatiques sont privilégiées au détriment d'autres. Rappelons que 80 % d'un projet Intranet relèvent d'aspects organisationnels et fonctionnels. Seuls 20 % sont associés à des contraintes d'ordre technologique. Dans certains projets, cette part peut être largement moindre. Il ne faut donc pas confondre les priorités.

Les dimensions humaines du projet sont sous-estimées

Que le système Intranet « cible » mis en œuvre soit d'une finalité technique (bases de connaissances techniques par exemple) ou organisationnelle (des workflow, un portail, etc.), les utilisateurs et leurs besoins doivent être pris en compte.

Les conséquences en termes de charge de travail sont sous-évaluées

Cette source d'échec est en fait duale. Elle concerne d'une part le surcroît de travail généré par le projet. D'autre part, les modalités d'administration et de mise à jour de l'Intranet. Dans les deux cas, les intervenants doivent être conscients de l'investissement consenti. Par ailleurs, lors du déploiement de l'Intranet puis de sa montée en charge, un temps certain en tests et en actions correctives doit être prévu. D'autres sources d'échecs peuvent être recensées. Elles peuvent concerner plusieurs des pré-requis cités dans les chapitres précédents pour chaque outil Intranet.

L'ESSENTIEL À RETENIR

1. Les facteurs clés de succès pour la modélisation d'un système cible sont les suivants :

✓ Il est indispensable de qualifier un document de synthèse lisible et par types d'interlocuteurs. En effet, alors que le système complet peut reposer sur les huit principaux axes décrits, il n'est pas nécessaire de les détailler tous selon les destinataires du document.

✓ Le système cible est un premier aboutissement ; il est aussi un passage obligé permettant de consolider l'architecture cible de l'écosystème Intranet.

© Groupe Eyrolles

L'ESSENTIEL À RETENIR

✓ Il est en outre un réel pont vers l'intégration et en amont pour la production d'un cahier des charges et le choix d'une maîtrise d'œuvre interne et/ou externe.

2. Plusieurs dimensions fondamentales ont été dégagées :

✓ Elles comprennent aussi bien les termes des différentes architectures préparées que les conditions et modalités projets pour atteindre la cible.

✓ Le cycle de vie de l'écosystème est également décrit. Comme nous l'avons vu, il présuppose un tempo et des ajouts de fonctionnalités, bien souvent progressivement.

✓ Des enjeux connexes ont été présentés. Ils seront tous essentiels dans l'intégration et la mise en ligne de l'Intranet.

3. Le concept de Gouvernance @nimation V@leur d'us@age (G@Vu) est introduit :

✓ Il est décrit dès la phase de système cible. Il est le garant de la compétitivité et de la pérennité de l'écosystème Intranet dans un contexte d'organisation ouverte et étendue.

✓ Ce concept sera détaillé dans la dernière partie de l'ouvrage.

4. Le système cible doit permettre des actions de marketing interne :

✓ Sur la base du document de système cible, il est nécessaire d'engager les premières actions de marketing interne :

● communication sur l'Intranet existant ;

● supports multimédias au moyen d'un film de présentation, etc.

Chapitre 4

Formaliser le cahier des charges et choisir la meilleure solution

Le quatrième et dernier chapitre de cette deuxième partie forme la phase de conclusion des travaux portant sur les termes du projet Intranet, leur opportunité et leur faisabilité. En effet, le cahier des charges, objet des premiers paragraphes suivants, permet de formaliser dans un cadre structuré les objectifs fonctionnels et opérationnels de la stratégie Intranet retenue. Il permet ensuite une soumission aux marchés et à ses acteurs.

Pour mener à bien cette phase par nature complexe — dans le formalisme — et délicate — faire les bons choix —, le présent chapitre a été construit sur la base de bonnes pratiques issues d'environ dix ans de travaux sur ces questions… Aussi, le lecteur porteur d'un projet Intranet trouvera un certain nombre de cadres qui le guideront et d'outils pour finaliser ses choix de solutions et de prestataires.

Formaliser le cahier des charges

Les règles générales

Le cahier des charges traduit sous la forme d'exigences fonctionnelles et opérationnelles des objectifs, des fonctionnalités cibles et des routines associées qui ont été validés lors de la phase de système cible. Ce dernier est le socle du cahier des charges. Dans certains cas, celui-ci peut donner lieu à plusieurs cahiers des charges échelonnés dans le temps et/ou aux périmètres et objectifs variés.

L'ordonnancement de la production et la publication de ces cahiers des charges sont décrits également dans le plan d'actions du système cible.

Le ou les cahiers des charges sont rédigés par les maîtrises d'ouvrage ou des assistants à maîtrise d'ouvrage interne et/ou externe. Dans le premier cas, les porteurs du projet, assistés bien souvent par une équipe de la direction des systèmes d'information, formalisent directement le document de cahier des charges. Dans le second cas, des AMOA rattachés à une direction projets ou provenant d'un cabinet conseil effectuent la rédaction.

Des cahiers des charges spécifiques peuvent encore être rédigés sur les thématiques suivantes :

- charte graphique ;

- étude d'ergonomie ;

- acquisition d'architecture technique ;

- acquisition de modules applicatifs très spécifiques ;

- acquisition d'abonnements sur des canaux d'information spécialisés, etc.

Enfin, on retrouve dans de tels documents les exigences en matière de gouvernance projet, de conduite du changement et de communication. Les besoins en prestations sont développés ici également.

Les principales bonnes pratiques

Valider les références et la pérennité

Avant de lancer la consultation auprès d'un panel d'entreprises spécialisées, une première sélection doit être opérée. Le chef de projet Intranet veillera, par exemple, à valider des références de dimensions comparables. Des entretiens sont souvent nécessaires pour compléter une première appréciation.

La pérennité financière du prestataire devra également être évaluée. On pourra être attentif à certains agrégats comptables, voire à certains accidents passés. Dans certaines grandes entreprises, il est nécessaire d'être référencé pour pouvoir candidater. Un travail préalable de vérification doit être mené sur ce point par le chef de projet Intranet.

Rechercher un seul interlocuteur

Quelles que soient les ambitions du projet Intranet, l'entreprise a tout intérêt à sélectionner un seul et même interlocuteur. Ce dernier devra aussi bien être un fournisseur de matériels et de solutions qu'une source d'expertises. Le fournisseur pressenti peut avoir à faire appel à des sous-traitants. Il restera néanmoins seul responsable face au donneur d'ordre.

Viser l'autonomie et le partenariat

Dans la formalisation du cahier des charges, l'entreprise doit démontrer qu'elle vise une certaine autonomie dans la gestion des solutions à déployer. Les systèmes Intranet deviennent très vite des composants majeurs de la chaîne de valeur de l'entreprise en tant que « fonctions supports ». Il est ainsi vivement conseillé de posséder en interne des niveaux de compétences suffisants et d'engager un partenariat durable avec le ou les prestataires de services. Une telle stratégie présuppose de pouvoir créer au sein de l'entreprise des cellules de compétences sur les grands modules applicatifs.

Présenter le contexte et la stratégie Intranet retenue

Le cahier des charges doit comporter un chapitre introductif exposant non seulement le contexte dans lequel s'inscrivent le projet et son écosystème, mais également les termes de son ambition.

Le contexte doit laisser entrevoir aux compétiteurs pressentis à la fois la structure interne de l'entreprise (organisation fonctionnelle, entreprise éclatée) que ses spécificités. C'est également à cet endroit que les caractéristiques du volet organisationnel du projet Intranet doivent être présentées. Il appartiendra ensuite à ceux qui proposeront des solutions d'apprécier leur portée.

Enfin, le système cible — s'il possède une perspective pluriannuelle — doit être décomposé. Il doit assurer une prise en compte globale des phasages et des liens d'interdépendance. Il est primordial que les choix s'effectuent sans que des processus irréversibles ne soient engagés.

Décrire les strates des systèmes d'information

L'historique du système d'information vient à la suite de la présentation du contexte. Une telle description doit être exhaustive et agrémentée de synoptiques appropriés. Selon les dimensions du projet, une cartographie informatique globale doit être annexée au cahier des charges. Elle comprendra aussi bien l'architecture serveur, l'architecture applicative et ses niveaux d'intégration que le parc informatique en présence (stations de travail, périphériques, etc.).

Ce niveau de précision est essentiel dans l'intégration de certaines solutions. En effet, le déploiement de certaines solutions Groupware implique une connaissance fine des réseaux LAN et WAN ainsi que des typologies de postes de travail. Des contre-indications pourraient intervenir.

Les mêmes dimensions sont applicables à l'architecture serveurs et d'hébergement et plus globalement à celle du stockage. De même, l'équipe en charge du management de la fonction « système d'information », les ressources allouées au projet Intranet et leur niveau d'implication doivent être présentés.

Enfin, en complément du système cible, une note peut présenter les objectifs de performance du système d'information et la politique liée ainsi que les autres projets d'envergure.

Exposer sa politique de sécurité informatique

La stratégie de sécurité informatique de l'entreprise doit être exposée. Il ne s'agit pas de dévoiler les éventuelles barrières mises en œuvre et leurs spécificités. Au contraire, il s'agit de préciser les grands principes d'architecture retenus jusqu'alors (politique d'accès, politique d'authentification, existence d'une « DMZ », politique antivirale, etc.). Comme pour l'architecture technique, des synoptiques sont souvent utiles à la compréhension des principes.

Personnaliser son portail

Selon les options retenues, le cahier des charges peut contenir un volet graphique. Celui-ci aura pour objet de faire concevoir une charte graphique à l'un des systèmes Intranet et/ou au portail d'entreprise. Selon les entreprises consultées, il sera préférable de confier la création à une agence spécialisée puis le développement à un intégrateur Intranet. Dans les différents cas de figure, une attention particulière sera portée aux clauses de propriété intellectuelle et de droits de l'image associées à de tels supports multimédias.

Les clauses fondamentales

Le cahier des charges pour un projet de portail d'entreprise ou de bureau virtuel peut prendre la forme suivante en termes de décomposition.

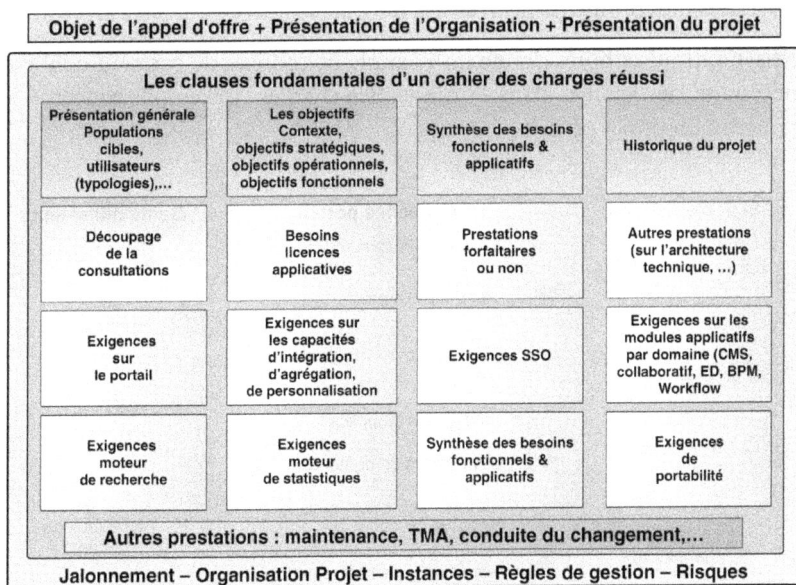

Objet de l'appel d'offre + Présentation de l'Organisation + Présentation du projet			
Les clauses fondamentales d'un cahier des charges réussi			
Présentation générale Populations cibles, utilisateurs (typologies),...	Les objectifs Contexte, objectifs stratégiques, objectifs opérationnels, objectifs fonctionnels	Synthèse des besoins fonctionnels & applicatifs	Historique du projet
Découpage de la consultations	Besoins licences applicatives	Prestations forfaitaires ou non	Autres prestations (sur l'architecture technique, ...)
Exigences sur le portail	Exigences sur les capacités d'intégration, d'agrégation, de personnalisation	Exigences SSO	Exigences sur les modules applicatifs par domaine (CMS, collaboratif, ED, BPM, Workflow
Exigences moteur de recherche	Exigences moteur de statistiques	Synthèse des besoins fonctionnels & applicatifs	Exigences de portabilité
Autres prestations : maintenance, TMA, conduite du changement,...			
Jalonnement – Organisation Projet – Instances – Règles de gestion – Risques			

Figure 36 : Organisation d'un cahier des charges pour un projet portail

Le synoptique précédent traduit la variété des clauses à anticiper et à formaliser. Les paragraphes ci-après donnent un éclairage sur certaines d'entre elles.

Exposer le périmètre fonctionnel des besoins

Que l'entreprise s'engage dans un projet Intranet de type Groupware, GED ou encore portail, le périmètre fonctionnel visé est un élément fondamental. On ne peut imaginer qualifier une solution ainsi qu'un prestataire de services sans un tel exposé.

Le périmètre doit comporter les activités et/ou fonctions concernées et les catégories de besoins identifiées. C'est également ici que les éventuels liens ou niveaux d'interopérabilité avec des systèmes présents et à venir peuvent être notés.

À la suite de cette définition, les différentes catégories de systèmes Intranet doivent être mises en correspondance avec les besoins fonctionnels de l'entreprise. Au-delà du périmètre fonctionnel, il s'agit de formaliser les exigences fonctionnelles générales et détaillées.

Le synoptique ci-après donne un exemple de cadre et de contenu qu'il est nécessaire de détailler dans le cahier des charges. L'exemple concerne à nouveau un projet portail.

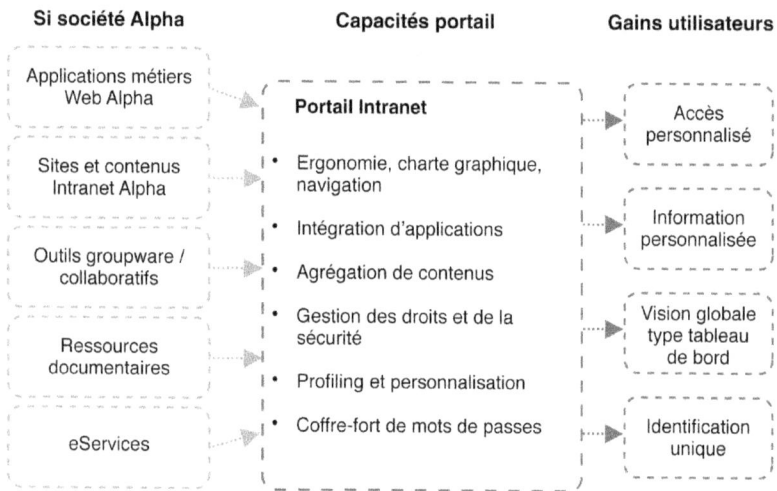

Figure 37 : Exigences fonctionnelles à détailler dans le cadre du cahier des charges

Spécifier les objectifs par catégorie de systèmes Intranet et/ou de modules

Après la présentation du périmètre fonctionnel, le rédacteur du cahier des charges veillera à préciser les niveaux d'objectifs à atteindre avec les systèmes visés. Des objectifs qualitatifs sont présentés (amélioration de la communication interne, etc.) comme peuvent l'être des objectifs quantitatifs (volumétrie de traitements de certaines données par l'Intranet, etc.).

Décrire les processus

Chacun des grands besoins fonctionnels doit être détaillé plus précisément. Il ne suffit plus ici d'être générique. Le lecteur doit apprécier la portée du besoin et sa réalité. Dans cette optique, chacun des besoins doit être formalisé. Par exemple, le développement de Workflow nécessitera des processus modélisés. Les rubriques d'un portail Intranet d'organisation impliqueront une arborescence fine. Cette dernière décomposera les rubriques et sous-rubriques, soit autant d'unités d'organisation des documents, des informations, etc.

Les principes de mise à jour seront aussi placés à cet endroit. Les cycles de vie « cibles » des informations et des connaissances seront présentés. On y retrouvera aussi bien les rédacteurs, les approbateurs que les utilisateurs finaux. L'ensemble des processus « cibles » doit être présent dans le cahier des charges ou tout du moins disponible pour les prestataires. Le système Intranet sera personnalisé en fonction de leurs contraintes.

Préciser les volumétries « cibles » et à venir

Pour compléter la modélisation des processus, les volumétries « cibles » par catégories de matières premières à mettre en ligne dans l'Intranet sont à préciser. Elles vont conditionner des espaces disques nécessaires ainsi que la capacité des solutions logicielles à les traiter et parfois à les indexer. Dans ce cadre, on doit retrouver aussi bien des documents bureautiques, d'autres à numériser que des sources multimédias, etc. Leur volumétrie pluriannuelle doit être appréciée. Les volumétries cibles vont aussi concerner les typologies d'utilisateurs et leur nombre.

Préciser les contenus à récupérer

Certaines entreprises n'en sont plus à leur premier Intranet ! Il est donc nécessaire — dans certains cas — de prévoir des clauses de reprise des contenus. Il est possible de demander des prestations plus ou moins automatiques. Cependant, il faut raison garder : les reprises de contenus ne sont pas aisées. Rares sont les reprises qui se déroulent de manière satisfaisante. Les clauses doivent donc être précises et détaillées.

Présenter ses objectifs techniques

Lorsque l'entreprise ne possède pas les ressources matérielles nécessaires à la mise en œuvre des solutions visées, des acquisitions sont à prévoir. Ainsi, un portail Intranet impliquera une architecture dédiée. Il faudra prévoir plusieurs serveurs, une ou plusieurs baies de disques, voire des ajouts quant au système de sauvegarde en place.

Le cahier des charges doit exposer l'architecture centrale présente ou demandée. Son intégration dans le système d'information de l'entreprise sera précisée, tout comme les éventuelles interrelations (ActiveDirectory, annuaire LDAP, serveur d'authentification, liens avec des SGBDR, etc.). Ces différentes dimensions doivent être en cohérence avec la politique sécurité. Ainsi, des besoins spécifiques pourront encore émerger selon les options retenues, qu'elles soient fonctionnelles ou techniques.

Les attentes de qualité de service

Le cahier des charges doit spécifier vos attentes en matière de qualité de service : taux de disponibilité, temps d'accès, etc. Il peut être demandé aux proposants de préciser par quels moyens ils établiront le suivi réel de cette qualité.

Énoncer ses niveaux d'administration « cibles »

Selon les catégories de systèmes Intranet, il est essentiel de présenter les types d'outils d'administration et de reporting nécessaires. Ceux-ci seront utilisés aussi bien pour des actions courantes de supervision que de pérennisation des solutions en place.

Spécifier les niveaux d'engagement en termes de maintenance

Le cahier des charges doit contenir un chapitre particulier lié aux niveaux de maintenance exigés. Ceux-ci concernent aussi bien les actions de maintenance préventives que curatives. Des engagements en termes d'intervention doivent contraindre le ou les prestataires.

Les éventuels besoins en TMA (tierce maintenance applicative) seront encore décrits dans le cahier des charges. Dans certaines entreprises, cela peut donner lieu à un autre cahier des charges.

Présenter ses exigences en matière d'ingénierie de projet

Cet aspect doit permettre de valider les compétences du chef de projet et de son équipe. Les formations, certifications et références de chacun d'entre eux doivent être connues. Au-delà, la méthodologie de projet pressentie par les compétiteurs doit être exposée. Aussi, l'entreprise doit-elle énoncer ses propres niveaux d'exigences. Celles-ci pourront être de plusieurs natures :

- contraintes liées à la défaillance d'un membre de l'équipe ;
- plan qualité ;
- plan de développement du projet ;
- planning « cible » de conception et de déploiement ;
- modalités de transmission des informations ;
- mise en ligne d'un Extranet collaboratif de projet ;
- modalités quant au management de la connaissance du projet, etc.

Imposer des délais

Il doit y avoir une programmation de type GANTT présentant les principales dates du projet de mise en œuvre de la solution. Les proposants doivent s'engager sur les délais visés. Leur ingénierie de projet doit être suffisamment fine pour que, dès la remise de leur offre, ils soient en mesure de qualifier les différents jalons nécessaires au respect des objectifs.

Imposer les règles de validation lors du déploiement

Le cahier des charges doit préciser les modalités de validation de chacune des étapes du déploiement. Les différents cycles de tests, les rendus attendus ainsi que les objectifs à atteindre doivent être qualifiés à ce niveau. Ils pourront naturellement être négociés lors des réunions de démarrage avec le prestataire retenu.

Demander une formalisation des spécificités techniques

Chacun des développements, chacune des installations doivent donner lieu à la formalisation de cahiers des spécificités techniques. Les modes opératoires doivent être décrits. L'entreprise doit ensuite pouvoir être autonome quant à la gestion de certaines installations, mises à jour, etc. Il convient de prévoir de tels documents dès la présentation du plan d'assurance qualité.

Exiger des niveaux de confidentialité

Selon la typicité des projets, la confidentialité sera exigée auprès du proposant retenu et de ses collaborateurs. Une telle clause doit être prévue dès le cahier des charges.

Présenter ses besoins en formation

L'un des derniers points concerne les besoins exprimés en formation. Ceux-ci visent aussi bien les administrateurs, les éventuels rédacteurs que les utilisateurs. À côté des volumétries et des publics « cibles », des exigences en matière d'ingénierie de formation peuvent être demandées. On retrouve la personnalisation des supports de formation, les modalités d'évaluation et de suivi, etc.

De nombreuses autres clauses peuvent être introduites. Il ne s'agit pas ici d'être exhaustif. Le cas échéant, selon la criticité des enjeux du projet, un cabinet d'avocats spécialisé pourra accompagner l'entreprise pour valider les termes juridiques du cahier des charges puis des contrats.

Documents annexes

Un certain nombre de documents peuvent être placés en annexe du cahier des charges de la consultation. Il s'agit parfois des référentiels méthodologiques, techniques, des règles sur la sécurité, des règles contractuelles, etc.

On peut encore placer dans les annexes des documents d'évaluation que les proposants auront à remplir : documents sur les caractéristiques techniques, un autre sur la couverture fonctionnelle, des grilles pour évaluer les compétences mises à disposition, etc. Ces différents documents sont utiles dans le cadre de la phase d'analyse des offres.

Choisir la meilleure solution applicative et le meilleur intégrateur

Le mode opératoire

Le mode opératoire de sélection d'un ou de plusieurs prestataires de services Intranet se décompose en trois principales étapes.

© Groupe Eyrolles

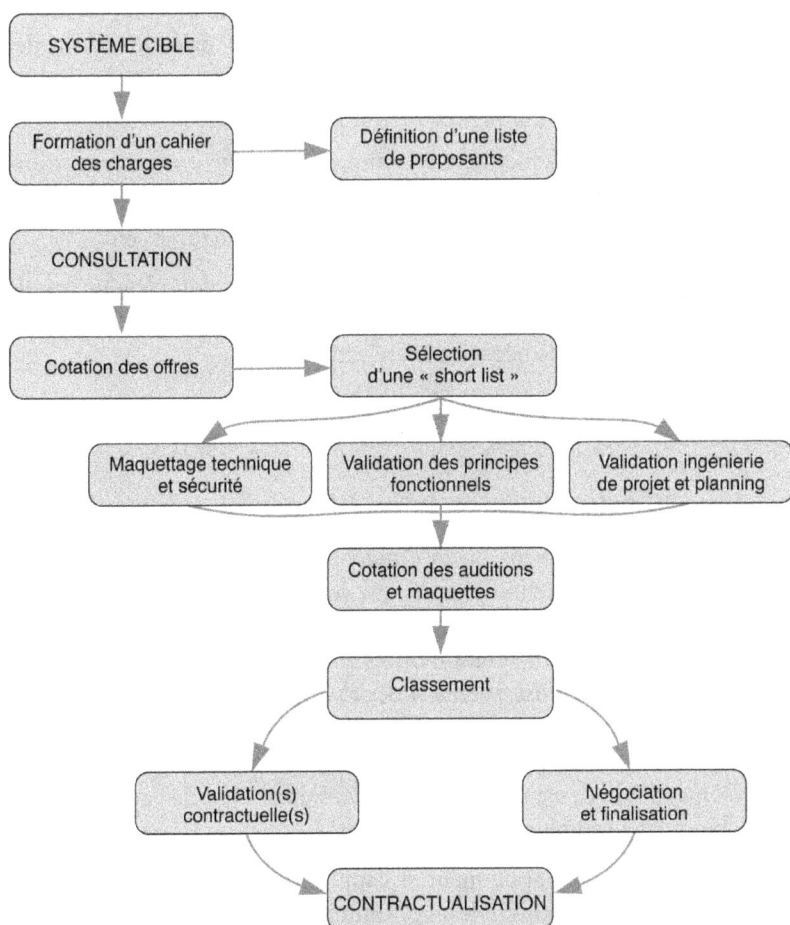

Figure 38 : Mode opératoire – Sélection d'un prestataire de services Intranet

La première a pour objectif de traduire dans un cahier des charges un ou plusieurs projets validés dans le cadre de la phase du système cible Intranet.

La deuxième étape vise à qualifier plusieurs prestataires sur la base de leur offre commerciale et technique. En fonction de grilles d'analyses techniques, fonctionnelles et financières, une « short list » est dégagée.

Les entreprises présélectionnées doivent démontrer leurs compétences à concevoir et réaliser les systèmes Intranet exposés dans le cahier des charges. Plusieurs séries d'actions doivent être engagées :

- présentations des modules pressentis ;
- présentation des maquettages techniques dans l'environnement informatique de l'entreprise ;
- présentations de l'équipe de projet et de l'ingénierie suivie, etc.

Ces différents éléments donnent lieu à une cotation complémentaire de celle effectuée sur les offres. Un classement émerge, qui conditionne la troisième étape : celle de négociation/sélection.

Lors de ces différentes étapes, plusieurs points d'attention sont à prendre en considération. Les principaux sont détaillés dans les paragraphes suivant.

La pérennité de la solution et de son éditeur

Il est tout d'abord indispensable de s'attacher à vérifier la pérennité à la fois de la ou des solutions technologiques que vous visez et de son éditeur. Il est certain que le marché et son offre ne sont plus les mêmes qu'à la fin des années 1990, où il y avait autant d'offres que de métropoles régionales ! Le marché s'est donc stabilisé, même si des absorptions interviennent encore (par exemple, l'absorption de BEA par Oracle). Néanmoins, il est nécessaire d'être vigilant. En effet, selon l'ambition du projet Intranet et de son écosystème, il faut demander le plan de développement de l'application et de ses modules à l'éditeur ou à l'intégrateur.

Les mêmes principes s'appliquent si l'applicatif repose sur une communauté *open source*. D'autres réflexes doivent alors être mis en œuvre ! Il faut vérifier que l'intégrateur qui répond à votre consultation dispose réellement du concours des développeurs et/ou des experts membres de la communauté. Il n'est pas aisé de définir contractuellement de telles relations comme de les vérifier. Par ailleurs, il faut bien souvent verser les développements à la communauté. Ceci peut s'avérer en rupture avec des règles internes à l'entreprise. Enfin, toujours dans cette hypothèse, lorsque l'on cherche à définir un contrat de TMA, les rapports entre l'entreprise, l'intégrateur, les référents de la communauté et la communauté peuvent devenir très difficiles à qualifier, mettre en œuvre et pérenniser…

Enfin, il ne faut pas omettre de se renseigner sur l'éditeur. Quelle est sa pérennité financière ? Quelles sont ses options stratégiques de moyen terme ? Y aurait-il d'éventuels verrous technologiques qu'il imposerait à tous ces développements ? Dans certains grands projets de portail ou bureau virtuel — où ces derniers seront les interfaces de milliers de collaborateurs — il est conseillé de rencontrer des représentants des équipes R&D des éditeurs… Il ne faut pas s'arrêter au seul représentant national.

Les outils d'administration

Lors du processus de choix, il est essentiel de tester, de visualiser et d'effectuer des jeux d'essai sur les outils d'administration. Même si ces derniers sont fortement personnalisables, les futurs administrateurs techniques et fonctionnels des métiers devront s'approprier des solutions.

L'évolutivité et l'interopérabilité des solutions

Dans la même veine que les points d'attention cités précédemment, il faut prendre en considération les termes de l'évolutivité des solutions applicatives comme leur interopérabilité.

En validant des principes liés à l'éditeur, on répond en grande partie aux exigences d'évolutivité. Il faut être tout aussi exigeant sur les questions d'interopérabilité, qui par nature a un très vaste champ. Il ne s'agit pas ici de répondre à une telle question. Néanmoins, il peut être opportun de réaliser l'une ou l'autre maquette sur des modules applicatifs fondamentaux — et ce dès le processus de choix — pour évaluer la combinaison évolution/interopérabilité.

Évaluation des opportunités et menaces d'une intégration internalisée ou externalisée

Lors de l'élaboration du système cible, il peut être opportun de prendre une option stratégique quant au choix de l'intégration : sera-t-elle internalisée et/ou externalisée ? Par nature, le système cible permet d'évaluer les charges/homme ainsi que les budgets afférents à l'intégration, voire à des domaines connexes. Aussi, les capacités humaines — quantitatives et qualitatives — vont-elles être un critère de choix pour les décideurs de l'entreprise et de la DSI. En effet, les capacités humaines doivent disposer des compétences nécessaires pour le déploiement des solutions visées. Or dans de nombreux cas, cette hypothèse n'est pas envisageable…

L'internalisation directe constitue donc un réel pari et est bien souvent couplée à des centaines de jours d'assistance à la maîtrise d'œuvre (MOE). Ceci fait naturellement développer la solution et augmenter le coût complet du projet. La question d'une externalisation directe et pour la plus grande partie du projet se pose ainsi bien souvent en de tels termes.

Les méthodologies projet et les principes de contractualisation internes et/ou externes ne seront pas les mêmes selon l'option internalisation ou externalisation… Des points de vigilance seront à noter :

- responsabilités entre MOE interne et externe ;
- documentations des développements ;
- recherche d'autonomie à terme sur la base de centre de compétences si l'option externalisation est retenue ;
- détenir les réels experts de l'applicatif et/ou des modules cibles dans le cas de l'externalisation et non pas des collaborateurs de grands intégrateurs qui se formeront avec l'entreprise cliente et la MOE interne…

Que l'option internalisation ou externalisation soit retenue ou encore un mélange des deux options, des décalages de planning sont souvent constatés dans la réalité… La phase de choix doit donc donner lieu à la qualification des éventuels dérives, décalages de planning, etc., qui pourront donner lieu à des pénalités, voire à des mises en demeure.

Évaluation lors du choix

Lors du processus de choix, il peut être intéressant de se donner des critères de choix à la fois pour la prestation et la couverture fonctionnelle et applicative des solutions proposées par les intégrateurs et/ou éditeurs. Il est donc nécessaire en amont du lancement de la consultation de fixer de tels critères. Dans le secteur public — selon des directives européennes — il est obligatoire de les porter à la connaissance des candidats en compétition. Ce n'est pas le cas pour le secteur privé marchand.

© Groupe Eyrolles

Exemples de critères

Les exemples suivants proposent une représentation des critères indispensables que l'on peut se fixer dans un processus de choix. Très rapidement, une fois les critères pondérés, la cotation du choix peut intervenir !

Critère d'attribution	Coefficient
Valeur technique et fonctionnelle de l'offre et qualité de la prestation de services proposée, ingénierie de projet et profil de l'équipe (60 %)	
Réponse aux exigences fonctionnelles détaillées dans le cahier des charges	20
Réponse aux objectifs techniques détaillés dans le cahier des charges et intégration dans le référentiel technologique de la société	10
Adéquation des ressources humaines attribuées au projet (intégrateur et éditeur)	15
Qualité de la méthodologie proposée, outils de gestion de projet, assurance qualité et planification	10
Fourniture des informations relatives à la garantie et des termes de la maintenance	5
Sous-total	60
Coût (40 %)	
Coût d'investissement	30
Coût de fonctionnement (maintenance)	10
Sous-total	40
TOTAL	100

Préparer le changement et la construction de l'écosystème Intranet 2.0

Le présent chapitre clôt la deuxième partie de cet ouvrage. Elle s'inscrit dans un *continuum* visant à déployer de nouvelles solutions Intranet dans l'entreprise tout en renforçant ou en faisant émerger un réel écosystème… Le système de critères présenté permet de sécuriser le choix à la fois des solutions applicatives, mais aussi des sociétés intervenantes, des périmètres d'intervention et de responsabilité. Puis une phase de négociation et de formalisation définitive des aspects contractuels, des engagements des parties, des conditions de réversibilité, de garantie et de maintenance doit être menée à bien.

Dans le même temps, il faut anticiper la période d'intégration… et communiquer, voire initialiser la conduite du changement. L'équipe porteuse du projet est en effet arrivée au gué ; la question ne se pose pas encore d'en être à la moitié ! L'équipe y sera lors de la phase d'intégration et de réalisation de tests. La phase de conclusion du cahier des charges puis de sélection doit donc être aussi celle où la tension sur le projet ne doit pas retomber ! Par exemple, des actions complémentaires de reingineering pourront être engagées, tout comme des travaux préparatoires sur les sujets de l'authentification/personnalisation, sur les formations, etc.

L'écosystème Intranet, s'il est un objectif de la direction générale, se place déjà dans l'état d'esprit et dans les croyances des porteurs du projet… Les étapes suivantes vont devoir permettre sa réalisation, voire son émergence !

L'ESSENTIEL À RETENIR

1. Les facteurs clés de succès pour la formalisation d'un cahier des charges sont les suivants :

- ✓ Identifier les exigences fonctionnelles et opérationnelles, qui guideront ensuite à la fois vos choix et la phase d'intégration, puis la coloration de l'écosystème Intranet.

- ✓ Se faire accompagner par une AMOA interne et/ou externe permet de sécuriser les choix et donne une approche sans doute plus globale et systémique.

- ✓ Être en mesure de traduire sous des termes pertinents votre stratégie synthétisée dans le système cible.

- ✓ Définir les périmètres d'intervention souhaités : le système cible est un réel fondement dans le domaine ; le cahier des charges va être le support à la contractualisation de ces relations et périmètres.

…/…

L'ESSENTIEL À RETENIR

2. Des clauses fondamentales existent :

✓ Un certain nombre de clauses fondamentales doivent être présentes dans le cahier des charges, voire dans le modèle de contrat qui y serait annexé.

✓ Elles sont par nature plurielles dans le cadre d'une solution Intranet : graphique, ergonomique, fonctionnelle, technologique, etc.

✓ Selon la criticité du projet, un accompagnement par un avocat spécialisé permettra de finaliser au mieux de telles clauses, voire ensuite les termes de la maintenance, les transferts de propriétés, même de TMA.

3. La communication et la conduite du changement sont essentielles :

✓ Elles ne doivent pas être négligées lors de cette étape, surtout lors de sa conclusion. En effet, alors qu'elle apparaît très spécialisée et uniquement le fait de l'équipe projet, il est nécessaire de communiquer... L'objectif étant de ne pas enfermer le projet dans un cercle de techniciens ou de spécialistes...

4. Enfin, cette phase est une étape d'anticipation et de transition :

✓ Anticipation, car il va être nécessaire d'activer des ressources pour la phase d'intégration et de redéployer les instances de gouvernance projet.

✓ Transition, car on passe conceptuellement et dans les faits d'une phase de conception et d'étude à une phase de réalisation... Une nouvelle période est donc engagée.

Conclusion partie 2

Les fondations conceptuelles de l'écosystème Intranet sont dorénavant posées. Ce dernier va se concrétiser dans la suite de l'ouvrage — et dans celle du « *continuum* projet » — comme un ensemble complexe, vivant et protéiforme... où des enjeux de conduite du changement et managériaux vont devenir centraux.

Le premier chapitre de cet ouvrage a donné une approche conceptuelle au travers d'un « mapping ». Une fois menées à bien, les quatre phases fondamentales décrites précédemment vont considérablement faire évoluer ces concepts... En effet, les travaux menés ont permis de personnaliser l'Intranet, les fonctionnalités et les usages cibles par rapport au contexte de l'entreprise, à ses spécificités et à ses réalités.

L'écosystème prend alors une nouvelle forme qui prend tout son sens pour le management, pour les enjeux de management de l'information et de la connaissance, de collaboration, de développement de support au service de la créativité, et plus largement encore de système d'information.

L'écosystème Intranet est en mesure — c'est le cas pour un portail ou un bureau virtuel — d'englober la quasi-totalité du système d'information et voire même des métiers de l'organisation. Dans ce qu'il représente, c'est donc à la fois une interface numérique vis-à-vis de la variété des outils applicatifs et des situations de travail dématérialisées liées et la manifestation des usages que ceux-ci dégagent.

L'écosystème Intranet est donc le synonyme aussi bien d'individualisme — c'est le collaborateur consommateur et acteur de l'Intranet qui interprète, agit, réagit face aux données et informations mises à disposition — que d'enjeux collectifs — ce même individu s'insère dans des processus, des réseaux sociaux, des communautés, des séries d'interactions avec d'autres collaborateurs usagers de l'écosystème, etc.

Cette dualité va donc caractériser l'Intranet. Plusieurs manifestations y seront perceptibles : une autonomie relative des individus, l'inscription dans de nouvelles relations collectives « numériques » complémentaires aux relations physiques, le développement d'espaces intangibles tels des *ba*, une influence de la hiérarchie et du management, etc. L'écosystème Intranet est donc aussi bien composé d'un creuset technologique, que de relations humaines numériques et physiques, de flux d'information et de connaissances, de règles de gestion et de comportement, d'une mémoire, d'espaces de liberté… Rappelons qu'il s'insère aussi dans un environnement institutionnel qui est l'organisation : l'entreprise. L'écosystème Internet ne ressemble pas totalement sur ce point à l'écosystème Intranet…

Ce dernier trouve une représentation dans le synoptique ci-après. Selon l'organisation, les options retenues dans son système cible et lors de la phase d'intégration, décrite dans la prochaine partie, l'écosystème prendra une coloration différente…

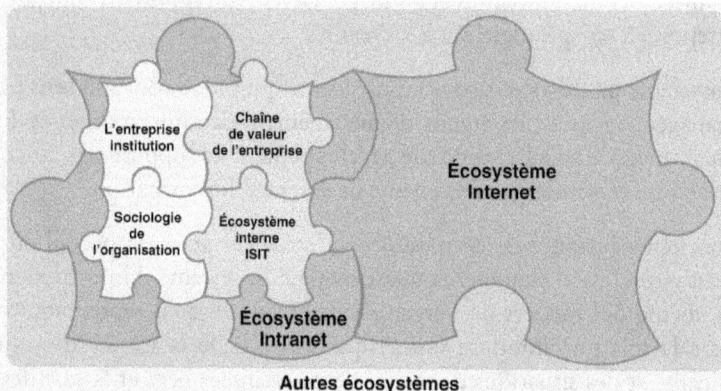

Alors que l'Intranet s'insère dans une institution disposant de règles, de référentiels et de normes, il reste « vivant » et « ouvert » par nature. En effet, il est en mesure de générer des usages et des effets imprévus dans le contexte de celle-ci ! Il est aussi ouvert sur l'écosystème Internet et au-delà sur le monde et la société.

PARTIE 3

La méthodologie de projet touche à sa fin dans cette troisième et dernière partie. Celle-ci concrétise en effet l'Intranet 2.0 et son écosystème. Que le projet vise à établir un nouvel Intranet et/ou de nouveaux services en ligne de dématérialisation, de Web 2.0, la concrétisation se traduit toujours par une phase d'intégration. Celle-ci est à la fois synonyme de travaux de spécifications, de développement, de tests et de mise en ligne définitive pour les utilisateurs cibles.

Cette ultime partie présente, de manière pragmatique et au travers d'exemples et d'outils, comment réussir cette phase du fil directeur projet. Elle est par nature cruciale et réellement complexe dans certains cas. Elle doit être à la fois compatible avec les référentiels et standards technologiques de l'entreprise tout en n'omettant aucunement les dimensions de conduite du changement. En effet, les services Intranet et les modalités organisationnelles de leur utilisation doivent être compatibles avec la culture interne de l'entreprise et son état d'esprit managérial.

L'écosystème Intranet est un ensemble interactif — réel espace mêlant du numérique et du physique — où les utilisateurs sont centraux. Leur appropriation des couples de fonctionnalités et usages constitue un gage de performance pour cet écosystème et au-delà pour l'entreprise. Aussi, est-il encore indispensable de pérenniser la dynamique initiée au cours du projet.

Des dispositifs doivent ainsi être conçus, qui relèvent aussi bien de l'animation de l'écosystème que de sa gouvernance. Ils doivent être anticipés bien en amont de la phase de mise en production pour être efficaces, connus de tous et applicables dans les meilleures conditions.

Le synoptique ci-après détaille les principales étapes composant la quatrième et dernière partie de la conduite réussie d'un projet Intranet.

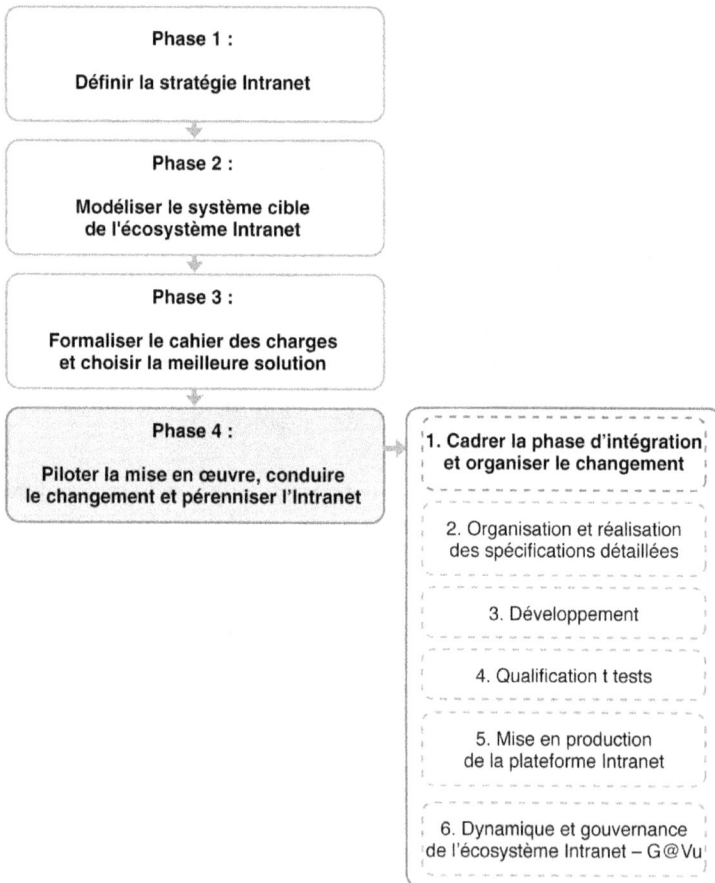

Phase 1 :

Définir la stratégie Intranet

Phase 2 :

Modéliser le système cible de l'écosystème Intranet

Phase 3 :

Formaliser le cahier des charges et choisir la meilleure solution

Phase 4 :

Piloter la mise en œuvre, conduire le changement et pérenniser l'Intranet

1. Cadrer la phase d'intégration et organiser le changement

2. Organisation et réalisation des spécifications détaillées

3. Développement

4. Qualification t tests

5. Mise en production de la plateforme Intranet

6. Dynamique et gouvernance de l'écosystème Intranet – G@Vu

Chapitre 1

Savoir piloter la phase d'intégration

La phase d'intégration est une étape critique dans la mesure où elle concrétise la phase « étude du projet » qui aboutit à la production du système cible du nouveau service Intranet cible. La phase d'intégration — pour bon nombre de grandes entreprises — doit répondre à des référentiels et à des niveaux d'exigence qui sont présents et régulièrement mis à jour.

Cette période est par nature critique. Aussi est-il indispensable d'en évaluer la mesure et la complexité. Cela implique de réels objectifs de pilotage. Au-delà, elle représente un défi pour les porteurs du projet dans la mesure où les services Intranet mis en ligne vont devoir être convaincants. Les utilisateurs cibles devront en effet se les approprier !

Dans cette optique, des choix peuvent être faits pour que l'intégration s'allège davantage et se traduise par un premier objectif de mise en ligne d'un prototype. Ce dernier aura pour avantage d'éviter d'une part un effet tunnel en termes de planning et d'autre part de permettre aux utilisateurs cibles de tester davantage les modules déployés. La phase d'intégration suppose également un travail relativement fin sur la charte graphique et l'ergonomie de la plateforme mise en œuvre.

Cette variété d'enjeux critiques pour la phase d'intégration est décrite dans les paragraphes ci-après. Enfin, il ne faudra pas négliger d'aligner cette phase avec des mesures et des actions de conduite du changement.

Séquencer la mise en œuvre : une approche modulaire et simultanée de la gestion de projet

La gestion de projet Intranet en **ingénierie modulaire et simultanée** prend en considération toutes les phases du cycle de vie du projet, de sa conception jusqu'à sa fin en passant par son lancement, l'intégration ou son déploiement. Cette approche proscrit les équipes « unidisciplinaires » rattachées aux différentes phases, comme on peut en rencontrer dans des gestions de projet classiques, de type séquentiel. Elle les remplace par des équipes pluridisciplinaires qui travaillent de concert dès la conception du projet Intranet.

L'objet d'une telle démarche renvoie à l'existence de délais de développement très courts. Elle assure la réduction substantielle des phases. Certaines d'entre elles pouvant encore se chevaucher. Le bénéfice peut être direct pour les porteurs du projet Intranet : l'absence totale d'effet tunnel et une visualisation rapide de services en ligne pour les utilisateurs.

Des échanges constructifs

Cette forme de gestion de projet facilite donc la collaboration et le dialogue entre personnes aux compétences multiples, offrant des représentations du projet, vues au travers de prismes conceptuels différents. Le rôle du chef de projet revêt une importance considérable, car sans collaboration ni cohérence des modifications apportées par les différentes équipes œuvrant en parallèle, le projet est menacé.

Elle fait également participer fortement l'intégrateur avec l'intervention régulière des conseils externes (en organisation, en gestion de l'information, en ergonomie, en charte graphique, etc.) très en amont. Aussi ceux-ci interviennent-ils dès les phases de prototypage, puis de corrections et d'intégration traditionnelle…

Les méthodes d'ingénierie simultanée s'appliquent parfaitement aux projets de portail. D'autres systèmes Intranet peuvent être traités avec celles-ci. Il faut néanmoins qu'ils soient composés de plusieurs modules — l'unité d'œuvre de base demeurant le module. Ces derniers vont être, par exemple pour un portail Intranet, « assemblés et intégrés sur la base d'une plateforme ».

Ces méthodes impliquent encore une coordination très forte des différentes spécialités et/ou experts intervenant dans chacune des équipes dédiées concernées par un module. Des itérations se produisent en leur sein. Il en est de même entre les modules.

La plateforme commune où les différents modules seront assemblés en phase d'« intégration » garantit d'une part une intégration des solutions et d'autre part une cohérence globale. La plateforme est assimilée à la fois à un espace technologique et à un espace de créativité. En effet, le premier présuppose l'existence d'une architecture technique cible qui relève de systèmes de bases de données, d'un serveur d'applications, etc. Dans le second espace, la plateforme constitue un but cognitif pour les différentes équipes. Le chef de projet a ici un rôle déterminant à jouer. Il articule des connaissances provenant des différentes équipes et doit réussir *in fine* à les assembler.

ILLUSTRATION

Le prototype du nouveau portail Intranet du Conseil de l'Europe ou la stratégie du bac à sable

Le Conseil de l'Europe (www.coe.int) avait un Intranet depuis plus de cinq ans lorsqu'il a été décidé, dans le cadre du nouveau schéma directeur des systèmes d'information, de lancer un projet global de portail Intranet. Ce projet a pour périmètre la totalité des directions générales du Conseil de l'Europe et comme objectif de disposer en une interface unique, réel bureau virtuel de l'organisation, d'espaces d'actualités, de lancement d'applications, d'accès à des espaces dédiés et collaboratifs, à des téléformulaires au travers d'un assistant multiservices, etc. Après une phase d'étude traduite par un système cible pluriannuel et une évaluation de plusieurs technologies et solutions applicatives concurrentes, le Conseil de l'Europe et sa direction des technologies de l'information (DIT) ont retenu de ne pas lancer immédiatement un développement et une intégration de toutes les fonctionnalités cibles. Au contraire, une option intermédiaire a été décidée : développer un premier prototype représentatif graphiquement et permettant d'apprécier le fonctionnement des objectifs du portail. L'objectif poursuivi était à la fois d'associer un certain nombre d'agents du Conseil et de réussir à mettre en ligne une telle version dans des délais raisonnables pour un panel de directions. L'option du prototype a permis à la fois une appropriation des technologies et des nouvelles fonctionnalités et d'initier une conduite du changement pragmatique et sur des « objets » réels, développés. Après plusieurs mois de tests de mise en ligne, le prototype a été consultable par la totalité des agents du conseil et a formé le socle du nouveau portail Intranet qui a été développé et intégré ensuite de manière pluriannuelle.

De réelles contraintes

Naturellement, de nombreuses contraintes se produisent. Elles relèvent d'aspects ergonomiques, techniques, voire financiers. L'approche modulaire va au-delà d'une simple agrégation des coûts et des sources de complexité des différents modules pris isolément. Une complexité inhérente à la plateforme émerge. Il est ainsi indispensable que la modularité et son caractère concourant soient associés à des principes de synchronisation. Cette dernière concerne les différentes équipes. Elle assure tout au long de la phase d'étude puis de celle de réalisation des microdécisions garantissant une homogénéité au système.

Communication renforcée

Le principe d'ingénierie modulaire présuppose également un effort accru en termes de communication entre les différents intervenants. En effet, ces derniers menant à bien la réalisation d'un module doivent interagir avec leurs collègues aussi bien à l'échelle du portail (la structure « cible » d'assemblage) qu'en imaginant les interconnexions entre les modules. On atteint ainsi, selon certains auteurs étudiant les mécanismes de conception modulaires, des principes de modularité cognitive. Dans ce cadre, les intervenants du projet doivent chercher à minimiser leurs coûts de communication tout en recherchant une cohérence dans les modules développés. Ils ne doivent ainsi pas être pénalisés par des échanges excessifs. Les solutions Intranet de projet mises en place dans le cadre d'une démarche modulaire prennent ici toute leur valeur.

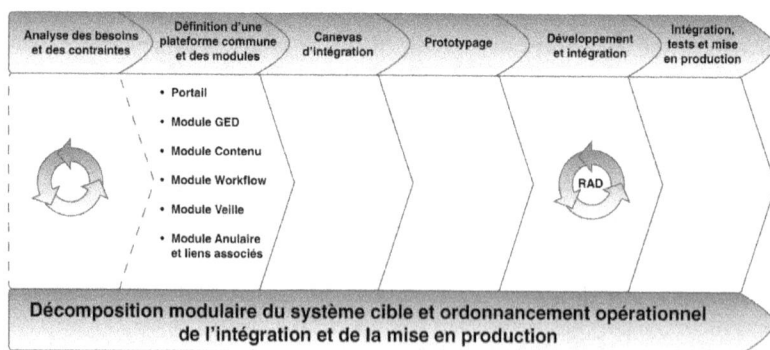

Figure 39 : Une approche de projet Intranet - Le modèle d'ingénierie modulaire et simultanée (cas d'un portail Intranet avec prototype)

Avantages et inconvénients

La phase de développement repose sur des méthodes de type RAD (Rapid Application Development). L'intégration finale repose ensuite sur la conduite de manière concourante du développement des différents modules et ce selon les méthodes traditionnelles de développements logiciels :

◗ plateforme de développement (application du RAD) ;

◗ plateforme de qualification (série de tests réalisés par les utilisateurs cibles) ;

◗ plateforme de production (la mise en production des modules préalablement testés et certifiés), etc.

Les modèles d'ingénierie de projet Intranet comportent des avantages et des limites intrinsèques qui leur sont propres. Les projets séquentiels présupposent des délais plus longs. Ils s'adaptent très peu aux projets de type « task force » impliquant des impératifs de planning très courts. Au-delà de cette considération, les projets en ingénierie modulaire et simultanée offrent une plateforme de travail multiple et bénéficient de notre préférence sur les aspects technique, organisationnel, culturel, de sécurité, etc. Dans cet ordre d'idée, ils permettent de faire travailler ensemble des individus aux compétences variées tout en garantissant une cohérence globale. Cette dernière est naturellement associée aux attributions du chef de projet et du comité de pilotage.

Piloter l'intégration par six phases clés et un suivi de la qualité, des coûts et des délais

Les conditions de succès : un démarrage réussi

Il est essentiel au cours de la qualification du démarrage du projet, avec l'intégrateur retenu et ses partenaires, de réussir le lancement de la phase de réalisation (dite aussi phase d'intégration par les informaticiens). À cet effet, le comité de pilotage « étude » se transforme en un comité de pilotage de « réalisation » ou d'« intégration ». Il se voit attribuer de nouveaux membres comme les chefs de projet des sociétés intervenantes.

Lors de la réunion de démarrage, l'ordonnancement du projet doit être présenté. Il en est de même des plans qualité et de développement (planning). Les principales phases de conception et de réalisation/intégration sont définies, tout comme les protocoles de qualification et de validation.

Après cette réunion de démarrage, des actions sont assignées aussi bien aux membres des groupes technique et utilisateurs qu'aux intervenants extérieurs. Un planning validé définitivement engage la ou les sociétés prestataires. Enfin, des principes liés à des points d'étape réguliers sont retenus.

Que le projet concerne des systèmes Web 2.0, une solution de GED ou un portail, le plan de développement détaille les différentes actions à enclencher. Les premières sont régulièrement associées à des tâches techniques (livraison de matériels, d'applicatifs, etc.), voire à des réunions spécifiques incombant à l'un ou l'autre domaine du système Intranet visé. Dès cette étape, il est essentiel d'engager une action d'information et de promotion auprès des utilisateurs cibles.

La conduite du changement doit donc être poursuivie. Si cette dernière a été lancée à l'origine du projet, elle doit dorénavant associer le plus grand nombre de personnes aux choix effectués lors de la consultation. De telles actions peuvent se matérialiser *via* le journal interne de l'entreprise ou une note d'information diffusée par la messagerie (même si nous ne le préconisons pas) ou l'Intranet actuel…

Organiser les spécifications détaillées et lancer les actions graphiques et d'ergonomie

Validation des besoins

Avant de démarrer des actions de développement qui pourront conduire à des maquettes et/ou des prototypes, il est indispensable de valider les différents besoins fonctionnels et techniques inscrits dans le cahier des charges. On parle de phase de spécifications détaillées et techniques.

Cette validation s'effectue avec le ou les chefs de projet des prestataires Intranet qui rédigent un cahier des spécifications. Celui-ci conditionne les paramétrages et les autres développements à venir. Un investissement « fort » des maîtrises d'ouvrage peut se manifester à cet instant-là. Un tel cahier des spécifications produit par l'intégrateur sera repris et validé par ces maîtrises d'ouvrage. Son approbation engage les différentes parties (intégrateur, maîtrise d'ouvrage en charge du projet, maîtrises d'œuvre internes).

La variété des actions à engager repose donc sur un ensemble de processus itératifs de conception. Selon l'étendue des projets, un ou plusieurs cycles de conception sont lancés. Leur cycle de vie respectif cohabite le plus souvent de manière concourante. Rares sont les actions à être menées de façon séquentielle.

Citons plusieurs séries d'actions à engager :

◗ étape de préparation de l'ergonomie et du design graphique ;

◗ phases plus techniques aussi liées aux annuaires, aux maquettes de plateformes serveurs et clients, etc.

Charte graphique

Alors que le maquettage des postes de travail relève de la responsabilité du groupe technique, celui de la charte graphique concerne d'autres entités. La première d'entre elles est le groupe « changement et communication ». Celui-ci doit interagir avec le directeur artistique en charge du dossier. On verra apparaître de plus en plus d'experts ergonomes développant avec le directeur artistique des maquettes prenant en compte des situations de travail, de recherche, le cas du multilinguisme, etc.

La charte graphique repose bien souvent sur la charte de l'entreprise et ses fondamentaux (logo, codes couleurs, etc.). On peut y adjoindre un nom dédié au portail, voire une mascotte spécifique. Les itérations associées à cette conception reposent sur des principes issus des industries graphiques. Ainsi, l'une des premières étapes concerne la mise en correspondance d'idées issues de séances créatives avec les objectifs du portail. Les étapes suivantes voient la proposition d'une ou plusieurs maquettes graphiques fondées sur un ou plusieurs messages. Quand l'un d'entre eux est retenu, une ou plusieurs itérations successives voient la finalisation de la maquette pressentie.

Des tests peuvent être entrepris avec une population d'utilisateurs « cibles ». La validation finale provient le plus souvent ensuite de la direction générale.

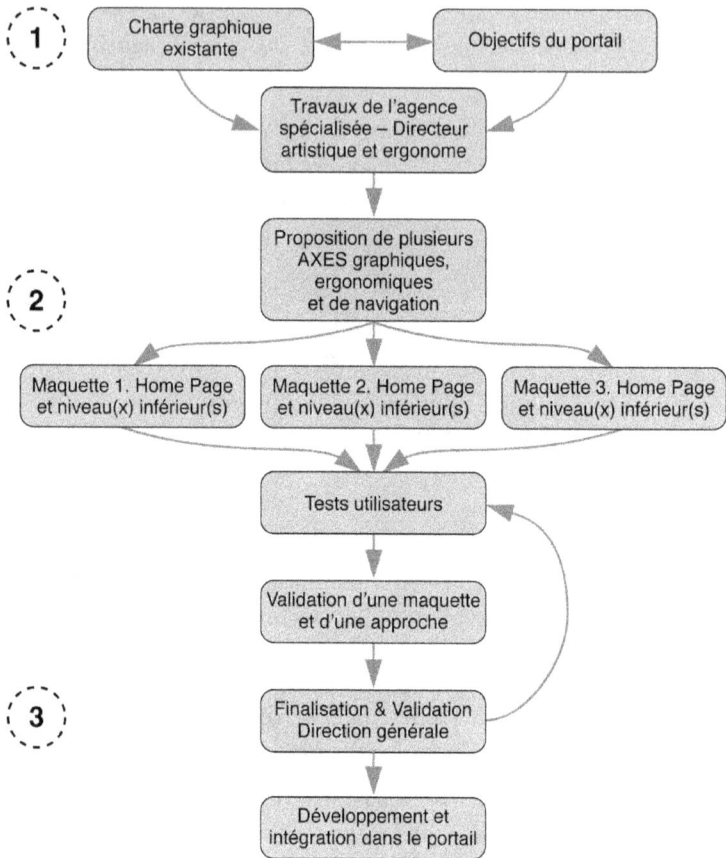

Figure 40 : Les cycles itératifs de conception d'une charte graphique
et d'une ergonomie de navigation

Postes de travail

Certains projets (portail d'applications et/ou de bureau virtuel par exemple)
impliquent bien souvent la création d'une maquette. Cette dernière est
adaptée à une plateforme technique et aux stations de travail présentes dans
le parc informatique de l'entreprise. Dans cette maquette, les scénarios de
navigation sont qualifiés et validés, tout comme les dimensions liées à la
sécurité. Elles sont fondées, par exemple, sur la mise en application des

profils. Une telle méthodologie permet ensuite un déploiement que l'on peut qualifier d'industriel sur la totalité des postes de travail informatique.

Les documents qui conduiront à l'établissement de tels travaux sont consolidés dans des cahiers de spécifications techniques. Un fort volet lié aux annuaires et à la sécurité du système d'information est à qualifier et à valider avec la maîtrise d'œuvre interne (DSI).

Déploiement international

Toujours dans la même veine, il faut noter que certaines entreprises peuvent avoir à déployer des services Intranet de manière globale et donc dans le monde entier. D'autres considérations sont alors à prendre en considération : fuseaux horaires, haute disponibilité, enjeux d'authentification et de personnalisation, etc.

Les spécifications détaillées et techniques ainsi que la charte graphique et les enjeux d'ergonomie une fois qualifiés doivent être validés conjointement par les différents acteurs du projet. L'approbation finale revient au propriétaire du projet. À partir de cette étape, il est possible d'engager le développement et l'intégration des différents modules visés.

En fonction de la stratégie retenue, il s'agira soit dans un premier temps de développer un prototype permettant de tester des idées et de faire adhérer des acteurs de l'entreprise, soit directement le système cible entier.

Enfin, il faut encore noter que les porteurs du projet doivent avoir à l'esprit un point de vigilance à cette étape du « fil directeur projet » : ne pas engager des **irréversibilités**. Qu'entend-on par là ? Il est en fait conseillé de bien valider avec l'intégrateur et l'ergonome les choix qui ne seront pas irréversibles pour des montées de version de la plateforme portail, par exemple. Aussi faut-il avoir la certitude des implications de moyen terme des choix effectués.

Développement et qualification

Lancement du développement

Sur la base des cahiers de spécifications détaillées et techniques, le développement est engagé. Il doit aboutir aux étapes (il peut y en avoir plusieurs) de qualification. Celles-ci sont avant tout synonymes de périodes de tests et de correctifs.

Plusieurs méthodes existent pour mener à bien ces travaux. Volontairement, nous avons retenu de présenter l'une des plus connue : la méthode RAD. En phase de conception et d'intégration, certains projets Intranet peuvent être menés par des cycles RAD. Ils supposent l'existence de prototypages réalisés dans un temps donné.

RAD (Rapid Application Development)

Pourquoi ?
- raccourcir le délai de développement des projets ;
- rendre plus efficiente l'implication des utilisateurs finaux dans le développement des applications ;
- améliorer le rapport spécifications du produit/besoins et attentes des utilisateurs finaux ;
- améliorer la qualité du produit final.

Les facteurs clés de succès d'un développement RAD sont les suivants :
- développement par phases de prototypages pouvant aller à plus de trois itérations ;
- respect des délais de livraison des prototypes et du produit final (Time Boxing) ;
- délai court de développement et mise en œuvre de l'application, de six à neuf mois ;
- réelle importance accordée à la gestion de projet ;
- collaboration entre les développeurs et les utilisateurs finaux favorisée et facilitée ;
- incitation en parallèle au prototypage, les retours terrain concernant les besoins en fonctionnalités des applications.

Voici quelques projets typiques du RAD :
- projets de petite et moyenne envergure ;
- projets à caractère innovant nécessitant la preuve de la faisabilité opérationnelle ;
- projets où l'interface utilisateur joue un rôle primordial.

L'intérêt est manifeste pour des systèmes de type bureau virtuel afin de démontrer la pertinence et/ou la faisabilité. C'est encore envisageable pour certains espaces spécialisés (espaces d'e-learning, de projet ou encore de connaissances). En effet, avec comme fondement les éléments décrits dans le cahier des charges techniques, l'initialisation de la démarche peut s'effectuer rapidement.

Les groupes technique et utilisateurs sont associés à ce processus itératif. Les fonctionnalités sont validées au fur et à mesure. Un *business case* assure en amont la définition des limites temporelles (une partie du système cible dans le meilleur des cas). Il conditionne la charge horaire des différents intervenants pour lesquels des apprentissages sont organisés. De premières adaptations ont aussi lieu.

Cette approche est utile dans les phases de conception. Étant fondés sur une contrainte de temps, les objectifs sont encadrés. Les principes fondamentaux des paramétrages sont ainsi validés progressivement. Les spécificités sont qualifiées et réduisent les incertitudes lors des déploiements.

Méthodes pour les portails d'entreprise

Le développement de portails d'entreprise implique bien souvent une démarche de conception plus lourde. La phase de définition des besoins de tels systèmes peut reposer sur une approche modulaire comme cela a été souligné. Il en est de même pour la phase de réalisation.

Les dimensions d'un portail se décomposent en entités organisationnelles. Ces dernières s'apparentent à des modules. Le portail forme, quant à lui, la plateforme de conception, réel creuset du système entier.

Plusieurs actions modulaires sont engagées simultanément. Elles peuvent, par ailleurs, répondre à des cycles RAD. L'intérêt est de faire cohabiter des actions menées de manière concourante tout en garantissant une cohérence d'ensemble.

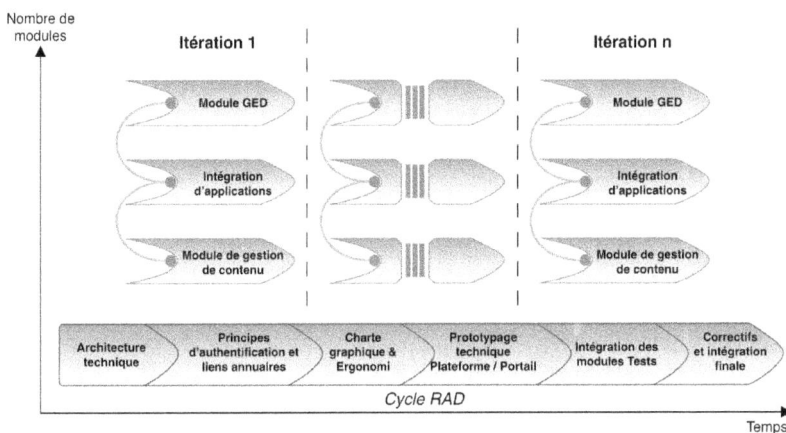

Figure 41 : Les méthodes des cycles RAD et de l'ingénierie simultanée et modulaire – phases de développement et d'intégration

Ces actions vont concerner aussi bien la validation de l'architecture technique et de son maquettage, que le développement de la maquette graphique et enfin la réalisation d'un ou plusieurs modules (GED, générateur de contenu, etc.).

C'est aussi ici que les connexions avec les paramétrages et développements préalables liés à l'authentification, voire avec des *widgets* spécifiques auront lieu.
À chaque itération, les membres des groupes technique et utilisateurs effectuent des validations nécessaires. Les modules sont affinés, étapes par étapes puis assemblés progressivement, également par itérations, dans la plateforme technique du portail. On procède à des ajustements graphiques et ergonomiques. On représente réellement les « vues » des services Intranet, qu'elles soient métiers, privées, publiques, etc. Dans cette méthode, on fixe aussi des dates limites d'intégration pour garantir le respect des délais.

Déploiement

Après plusieurs séries de tests, le déploiement peut être envisagé. Ces derniers vont comprendre des « jeux de tests » réalisés à la fois par des informaticiens (souvent dans un premier temps), puis par des utilisateurs finaux. Ces tests sont aussi l'occasion de vérifier les couples fondamentaux « authentification/personnalisation » ou encore les principes de synchronisation pour des utilisateurs nomades (le déploiement réel du mode déconnecté pour un nomade par exemple).

Il n'est pas conseillé de déployer, en une seule période, un portail ou un service Intranet majeur. Il est parfois préférable d'installer le client de portail sur une population d'utilisateurs « pilotes » lors de la phase de qualification. Après une phase de montée en charge et de tests croisés, on effectue des corrections et des tests liés aux profils.

Le module « architecture technique » s'avère davantage une tâche à réaliser qu'une dimension du portail. Elle repose sur un maquettage des plateformes serveurs, des systèmes d'exploitation et des différentes solutions logicielles sélectionnées. On finalise les architectures de type n tiers et l'intégration des interrelations avec le reste du système d'information (ActiveDirectory par exemple, LDAP, stratégie de sauvegarde, etc.).

Intégration et interopérabilité

Que les projets soient issus d'une phase multi-modulaire ou non, une étape d'intégration est nécessaire. Elle peut concerner aussi bien une intégration l'environnement de travail, un portail ou dans une suite de logiciels spécialisés (intégration avec un ERP par exemple). L'intégration suppose une méthodologie définie *ex ante*. Elle doit être validée par l'entreprise. Les spécificités techniques sont décrites et formalisées et forment la mémoire des actions produites.

Dans certains cas, l'intégration est aussi synonyme d'interopérabilité. Ainsi, dans certains projets interconnectant des systèmes d'exploitation variés, des bases de données hétérogènes, etc., et des schémas de liaisons doivent être développés. Les projets à venir de téléphonie sur IP en constituent un exemple. Ils combinent des logiques de plateformes de téléphonie d'une part et des systèmes Intranet d'autre part.

Stress du système

La montée en charge est déterminante pour l'ensemble des systèmes Intranet. Elle doit reposer sur des grilles préétablies qui vont concerner des tests de charge aussi bien sur les capacités des matériels et des systèmes que celles des applicatifs et de leurs bases de données. Les administrateurs, qu'ils relèvent de fonctions informatique ou fonctionnelle, doivent être formés progressivement. Un simple transfert de compétences n'est pas suffisant. Il convient d'appliquer une démarche structurée.

Une fois la phase de qualification terminée et les correctifs finalisés, il est possible d'engager la phase de déploiement et de mise en production. On passe des environnements de développement et de qualification à l'environnement de production.

BON À SAVOIR

Décryptage des phases de MOM, VABF et VSR pour un portail Intranet

La période de MOM (mise en œuvre de marche) correspond à l'installation effective des licences applicatives et de bases de données relatives au portail Intranet cible. Cette période est sanctionnée par une recette et la production de documentations.

La période de VABF (vérification d'aptitude et de bon fonctionnement) est par nature plus complexe. Elle peut être sujette à des difficultés avec la maîtrise d'œuvre externe et l'intégrateur sur de nombreux champs. La VABF a pour but de constater que les solutions livrées présentent les caractéristiques techniques et fonctionnelles qui le rendent apte à remplir les fonctions demandées dans le cahier des charges et dans le document de spécifications réalisées. La VABF sera effectuée par les porteurs du projet (maîtrise d'ouvrage) qui contrôlera, dès la livraison par l'intégrateur, l'exécution correcte du jeu d'essai fourni par ce dernier ou par une série de cahiers de tests qu'il aura préalablement produits, fait passer par des utilisateurs pilotes du périmètre cible et consolidés. La phase de VABF est sanctionnée par la mise en production et exploitation réelle.

.../...

BON À SAVOIR

La VSR (vérification de service régulier) est, quant à elle, la dernière étape ou « période » de l'intégration. Elle vise à constater que les solutions livrées sont capables d'assurer un service régulier dans des conditions normales d'exploitation sur l'environnement de production. La régularité du service est souvent appréciée au regard du bon fonctionnement du site en situation d'utilisation courante dans un délai de trois mois à compter de la vérification d'aptitude. La notification du procès-verbal de la VABF constitue une condition nécessaire pour déclencher le début de la VSR.

Mise en production et exploitation de la plateforme Intranet

La phase de mise en production peut être délicate dans certains environnements et générer certains risques. Certaines entreprises ont néanmoins aujourd'hui totalement industrialisé de tels processus. Notons néanmoins que pour certains portails Intranet et/ou bureau virtuel, des hébergements externalisés peuvent être prévus. Ils impliquent alors une caractérisation fine de la mise en production et de la répartition des responsabilités entre maîtrises d'œuvre interne et externe.

Lors de la phase de mise en production, le ou les services Intranet cibles sont mis en ligne. Ils sont donc généralisés au périmètre cible décrit dans le système cible. Des vagues par région ou par pays du monde peuvent être lancées pour les plus grandes organisations. C'est encore dans cette phase que les équipes projet techniques peuvent être dissoutes. Elles passent alors le relais à des équipes d'exploitation, à des gestionnaires d'applications internalisés ou non. Dans certains cas, les tierces maintenances applicatives sont engagées. C'est donc aussi à cette étape que l'on s'assure que toutes les documentations techniques du projet liées aux modules ont bien été caractérisées, organisées et livrées aux maîtrises d'œuvre internes.

Dans la même veine, la mise en production/exploitation implique par nature des travaux préparatoires liés aux engagements de qualité de service et aux délais de rétablissement. Ces différents contrats et autres SLA (service level agreement) sont donc bien souvent finalisés avant l'engagement de cette phase. Ils respectent les standards de l'entreprise dans le domaine et sont le fruit d'effets d'expérience.

Enfin, cette phase — même si elle peut paraître très technique — doit être menée de concert avec les actions de conduite du changement et la mise en œuvre des instances d'animation et de gouvernance. Encore une fois, la simultanéité est de mise…

© Groupe Eyrolles

Clôture du projet technique et applicatif

L'équipe projet a mené à bien dans la phase d'intégration et donc de mise en ligne des services Intranet cinq étapes fondamentales :

- cadrage de la phase d'intégration et organisation du changement ;
- organisation et réalisation des spécifications détaillées ;
- développement ;
- qualification ;
- mise en production de la plateforme.

Dans le cycle de vie, la ou les applications développées sont donc entrées dans une phase d'exploitation d'un point de vue technique et dans une phase de maturation d'un point de vue « usage ». Il est donc essentiel de réussir la clôture du projet et la transition qu'elle présuppose… En effet, elle implique à la fois de réussir la production d'un bilan du projet tout en confirmant les responsabilités liées aux ressources qui seront chargées d'administrer les différents services Intranet et de les animer plus largement. Il s'agit de confier, par exemple, aux gestionnaires d'applications aussi bien de la DSI (maîtrise d'œuvre interne) que des services utilisateurs, les missions et attributions relatives à la gestion des services.

Enfin, la phase de clôture du projet — la sixième et dernière étape qui comprend bien souvent de nombreux enjeux de management de la connaissance — présente intrinsèquement un autre défi. L'encadré suivant en propose une synthèse.

BON À SAVOIR

Un facteur de réussite de l'écosystème Intranet : le développement de l'usage

Lors de la phase de mise en production et donc d'exploitation des services Intranet conçus tout au long du fil directeur du projet, les utilisateurs s'approprient progressivement les fonctionnalités présentes et nouvelles… Un réel défi se présente alors aux porteurs du projet et plus largement au management de l'entreprise… En considérant que l'écosystème Intranet est inclus dans un écosystème plus vaste qui est le projet d'entreprise de l'organisation, il est essentiel d'animer l'Intranet et bien plus encore de tirer au mieux partie de ses fonctionnalités… Il est donc primordial de suivre l'« usage » de celles-ci par les utilisateurs de manière individuelle et collective (par interactions). Ces « degrés d'usages » vont constituer des signaux de réussite ou non de l'Intranet… Le défi est ainsi multiple :

- générer un maximum d'usages positifs des fonctionnalités déployées ;
- être en mesure de détecter des réservoirs d'usages dans des fonctionnalités sous-exploitées ;
- engager des actions d'animation, de valorisation, de formation, permettant de réduire de tels réservoirs, etc.

L'ESSENTIEL À RETENIR

Les facteurs clés de succès d'une intégration réussie sont les suivants :

✓ Définir les termes de la phase d'intégration, les étapes, les périmètres et les plannings concernés dès la phase de système cible.

✓ Appliquer les clauses du cahier des charges interne (dans le cadre d'une maîtrise d'œuvre interne) ou externe (intégrateur externe à l'entreprise) avec des objectifs de résultats et de performance.

✓ Définir les responsabilités entre les différents acteurs du projet et leur investissement en termes de charge horaire.

✓ Définir l'architecture modulaire de l'intégration dès la phase de cahier des charges et la valider avec l'intégrateur de la solution.

✓ Définir les modalités d'information et de communication relatives aux choix effectués pour l'intégration.

✓ Appliquer les niveaux d'exigence liés aux tests et à la performance d'ensemble du système cible.

✓ Définir les modalités de formalisation des documentations relatives aux modules déployés et intégrés et aux architectures techniques et de sécurité.

✓ Effectuer des audits internes au projet par grande période pour les projets de grande ampleur et à caractère stratégique. Dans cette veine, un point d'attention devra toujours être conservé : les enjeux et dispositifs de sécurité de système d'information (authentification, habilitation, processus et procédures associés).

Chapitre 2

Communiquer, former
et conduire le changement

Le **sponsoring** par la direction générale et la définition **de mesures de conduite du changement** sont des facteurs clés de succès consubstantiels dans le cadre d'un nouveau projet Intranet. Au-delà, ils sont les fondations de l'écosystème Intranet. En effet, ils donnent d'une part des lignes directrices aux fonctionnalités et usages qui seront développées et intégrées et d'autre part favorisent leur appropriation par les utilisateurs. Plus globalement, ils justifient et encouragent les changements organisationnels et les évolutions comportementales induits par leur mise en ligne.

Ce nouveau chapitre a pour objectif de présenter une méthode et un ensemble d'enjeux clés qu'il ne faut absolument pas négliger en amont et lors de la phase d'intégration au travers de mesures de communication, de formation et de conduite du changement.

Certaines de ces mesures — nécessairement spécifiques à une entreprise, à son environnement — vont influencer l'écosystème Intranet et l'organisation tout entière. Elles deviendront alors des mesures pérennes incluses dans l'animation et la gouvernance d'ensemble de l'Intranet.

Conduire le changement : les principaux facteurs clés de succès

Des enjeux clés

Lancer des chantiers de conduite du changement

La phase d'intégration des services Intranet retenus à l'échelle du système cible implique la mise en œuvre de chantiers de conduite du changement. Ces derniers sont essentiels à la fois pour réussir l'intégration de ces services et au-delà pour réussir leur montée en puissance. En effet, le changement présuppose, comme cela a été mentionné dès le premier chapitre de cet ouvrage, que le collaborateur/utilisateur soit au cœur de la démarche. Aussi, plus les différents paramètres liés au changement seront pris en compte, plus des facteurs clés de succès discriminants interviendront.

BON À SAVOIR

Les principaux enjeux à prendre en considération en termes de conduite du changement – Phase d'intégration - Leviers de l'écosystème Intranet

1. Généralement :
- enjeux en termes de capacité d'absorption des utilisateurs (nouvelles technologies, nouvel environnement de travail, etc.) à qualifier et à traiter ;
- enjeux en termes de gains pour les utilisateurs à changer et/ou à adopter un nouvel espace de travail, de partage, etc.

2. En particulier :
- enjeux en termes d'organisation : bien souvent, les nouveaux services Intranet supposent des réécritures de processus, de nouvelles missions, de nouveaux traitements informatisés, etc. ; ces différents éléments sont autant des facteurs de gains que de contextes de changement ; il est donc essentiel de les qualifier et d'apporter des réponses concrètes aux utilisateurs cibles ;
- enjeux en termes de transversalité et de partage : il s'agit ici d'anticiper les enjeux relatifs aux usages de partage qu'il faut développer (enjeux de confiance, de pouvoir traditionnels) ; ces derniers sont au cœur dorénavant de toutes les fonctionnalités Web 2.0 ;
- enjeux en termes d'ergonomie, de situations de travail : il s'agit ici aussi bien d'associer en amont les utilisateurs à de tels enjeux que de les rendre performants sans en négliger les coûts ;
- enjeux en termes de transition : il s'agit ici — lors de la transition entre des versions de services Intranet — de veiller à accompagner les utilisateurs dans un tel contexte ;
- enjeux en termes d'usages : le développement de nouveaux services Intranet possède intrinsèquement dans une entreprise des objectifs de performance, de rentabilité, etc. ; il s'agit donc à la fois de ne pas omettre ces objectifs tout développant les nouveaux usages des fonctionnalités mises en ligne ;
- enjeux culturels : dans le cadre d'une entreprise globale, il s'agit de ne pas négliger les différences de culture, de pratiques en termes de partage, de diffusion d'information, etc. ; il est donc essentiel de concevoir des supports d'information et de conseils aux utilisateurs pour éviter tout conflit.

Aboutir à un plan d'actions fondé sur des mesures

Cette variété d'enjeux est à prendre en considération dans tous les services Intranet — qu'ils soient relatifs à un portail et/ou à un applicatif donné. Ils supposent donc de réels plans d'actions. Ces derniers sont normalement caractérisés dans le système cible de manière macroscopique et budgétaire. Dans la présente phase d'intégration, ils sont repris — bien souvent avec le concours d'un secrétariat général, d'une direction de la communication interne et/ou d'une direction des ressources humaines — et caractérisés finement pour être engagés.

Des mesures stratégiques

La méthode : des enjeux à l'action

Il est donc déterminant que chacun de ces enjeux donne lieu à une ou plusieurs séries de mesures qui elles-mêmes seront décomposées en actions. Ces mesures sont autant d'axes stratégiques qu'il convient d'engager pour réussir le changement.

La matrice ci-après donne une série d'exemples de mesures et d'actions entrant dans ce cadre. Celles-ci pourront être menées à bien de manière synchrone avec le cycle de vie du projet et celui de son intégration. Dans cette optique, elles seront portées par un groupe communication et conduite du changement dont la composition dépendra des termes et de l'étendue du projet.

Enjeux	Mesures	Exemples d'actions	Phases d'intégration
Capacité d'absorption des utilisateurs.	Communication ; formation ; dispositifs collectifs.	Supports de communication plaquette et multimédia ; séminaires de management ; formation en ligne ; création de postes (en ligne ou non) de formateurs experts.	Dès la phase de spécifications pour la communication ; conception des supports e-learning (multilingues dans certains cas) dès le prototype validé.

Enjeux	Mesures	Exemples d'actions	Phases d'intégration
Qualification des gains pour les utilisateurs.	Communication générale ; communication spécialisée sur l'« état d'esprit » de l'Intranet[a].	Mises en valeur de situations de travail ; organisation de salons internes itinérants sur les sites géographiques ; films multimédias ; mise en valeur de services ou de *ba* participatifs développés par des équipes, etc.	Dès la phase de prototypage ; en amont de l'ouverture. Le fait de convaincre l'utilisateur des gains apportés est un réel levier de la valeur d'usage.
Organisation et évolutions organisationnelles associées	Définition des changements relatifs aux processus dématérialisés. Définition des fonctions impactées et des aménagements à concevoir et à acter. Définition des nouvelles fonctions.	Nouvelles caractérisations organisationnelles ; redéfinition de processus en amont des spécifications ; adaptations en aval ; définition de fonctions ; accompagnement des fonctions concernées.	Ces séries de mesures et d'actions doivent être en grande partie validées et portées par la direction générale en amont de la phase d'intégration ; elles seront l'une des composantes majeures du dispositif de communication et de conduite du changement.
Enjeux en termes de transversalité et de partage	Les mesures sont encore ici plurielles : définition des pratiques et des dispositifs soutenus par l'entreprise ; définition des types de situations de transversalité et de partage ; définition pour chacun d'entre eux de dispositifs d'accompagnement et de formation ; définition dans certains cas de dispositifs incitatifs (pour l'innovation, etc.).	Actions de communication et/ou d'organisation de séminaires effectuant la promotion de la transversalité, du partage, des principes communautaires créatifs, etc. Définition de systèmes incitatifs de valorisation (évaluation et/ou valorisation financière) ; définition d'actions de challenge pour les meilleurs blogs, pour les idées les plus créatives, pour les communautés les plus performantes, etc. Ces actions impliquent un sponsoring élevé de la hiérarchie et une volonté intrinsèque de laisser du temps, de l'autonomie, et de valoriser les résultats.	Lors de la phase d'intégration, veiller à ce que les outils mis en ligne de partage soient les plus conviviaux et rapide d'accès possibles ; c'est un premier levier de conduite du changement ; le travail d'ergonomie joue ainsi ici aussi tout son rôle. Au-delà, en fonction de la culture d'entreprise, une réelle culture du changement et/ou une impulsion forte doit avoir lieu par la hiérarchie et/ou les porteurs du projet[b].

Enjeux	Mesures	Exemples d'actions	Phases d'intégration
Enjeux en termes d'ergonomie et de situations de travail	Organisation d'ateliers créatifs et ergonomiques ; qualification fine par grandes fonctions de situations de travail.	Des actions variées peuvent être organisées : séances par itérations pour l'ergonomie des modules, etc. ; spécifications de grandes typologies de situations de travail.	Les ateliers de spécifications, de travail sur l'ergonomie et la charte graphique sont ici fondamentaux.
Enjeux en termes de transition	Communication ; dispositifs de promotion et d'accompagnement personnalisé.	Il s'agit ici de synchroniser les différentes actions de communication ; il s'agit aussi graduellement d'informer du changement ; un pilotage par les délais est alors conseillé afin de ne pas devoir reporter plusieurs fois une mise en ligne, etc.	Dès la phase de lancement de l'intégration, le groupe communication et conduite du changement doit travailler sur ces mesures et actions.
Enjeux en termes d'usages	Préparer les dispositifs incitatifs et/ou de promotion de fonctionnalités nouvelles ; préparer des dispositifs de pérennisation desdites fonctionnalités et des usages associés ; définir des outils de mesures de tels usages.	Actions de communication, de formation, etc. (cf. ci-dessus). Actions d'audit et d'évaluation d'usages et actions correctives. Définition d'indicateurs d'usage.	Dès la phase de finalisation du prototype, il est conseillé d'opter pour une stratégie en matière de valorisation des usages à venir. Ils formeront un réel actif immatériel pour l'entreprise s'ils sont pleinement exploités.
Enjeux culturels	Définition de mesures spécifiques par zones géographiques, pays, types de populations cibles, etc.	Il s'agit ici de bien qualifier la progressivité d'un déploiement de services selon les typologies retenues ci-contre, mais également les objectifs de l'entreprise.	En théorie, il est conseillé d'engager de telles réflexions bien avant la phase d'intégration. C'est l'une des composantes du système cible.

a. Il faut communiquer ici à la fois sur les gains généraux et particuliers pour l'utilisateur, mais aussi porter à la connaissance de tous l'état d'esprit des services Intranet : est-ce uniquement un organe de transmission d'information et fortement orienté « top down » ou un outil au service de la base, du management intermédiaire, de l'expression et du partage, etc. ? Il peut être aussi un mélange des deux optiques.

b. Rappelons ici les « *innovation jams* » de juillet 2006 chez IBM : plus de 100 000 collaborateurs et partenaires ont pris part à des séances virtuelles de brainstorming sur des thématiques variées... L'impulsion venait de la hiérarchie... et a développé chez IBM la pratique du « *jamming* »...

Par expérience, il n'est pas nécessaire d'avoir plus de cinq à sept mesures fondamentales :

▶ communication ;

▶ formation ;

▶ dispositifs individuels d'accompagnement ;

▶ dispositifs collectifs d'accompagnement ;

▶ assistance opérationnelle ;

▶ dispositifs innovants à la demande.

Le groupe conduite du changement

Ces mesures — pour être opérantes et résolument des facteurs clés de succès de réussite de l'écosystème Intranet — doivent reposer sur des enjeux préalablement qualifiés. Si le travail de qualification des mesures et des actions a tout son sens, le travail en amont de formalisation des « bonnes questions » aboutissant à la qualification des enjeux s'avère primordial. Il nécessite un travail précis des membres de l'entité de communication et conduite du changement alliés aux membres des maîtrises d'œuvre internes et externes.

Dégager des sponsors managériaux

Dans la même veine, la phase d'intégration suppose encore des sponsors managériaux accrus. En effet, alors que les phases relatives à la production du système cible impliquent des choix, des degrés d'investissement, des options en termes de changement, etc., la phase d'intégration nécessite un réel courage managérial et une implication forte des porteurs du projet.

Ces différents éléments une fois rassemblés forment les conditions d'atteinte d'une intégration réussie. Naturellement, des enjeux spécifiques liés à cette phase seront à prendre en considération : par exemple ceux liés aux phases de tests lors des étapes de qualification ; la finalisation de documentations d'utilisation ; etc.

La conduite du changement : un faisceau de mesures et d'actions !

La conduite du changement reprend donc un faisceau de mesures et d'actions nécessaires en phase d'intégration. D'autres réflexions organisationnelles liées à cette même conduite doivent être prises en compte. Il s'agit de définir l'organisation du système d'animation de l'Intranet et les processus associés. Ces dimensions sont décrites ci-après.

Définir l'organisation du système d'animation de l'Intranet et les processus associés

Alors que les solutions de messagerie n'impliquent pas de tâches particulières, les workflow, les outils de gestion documentaire ou les rubriques d'un portail — mises à jour par un outil de gestion de contenu — nécessitent la définition de responsabilités. Celles-ci s'appliquent aussi bien à des échelles individuelles que collectives. Dans le premier cas, des collaborateurs prennent à leur charge une action donnée liée à l'Intranet. Dans le second cas, des groupes spécialisés sont créés pour assurer des responsabilités collectives. Les fonctions suivantes correspondent principalement aux tâches associées au portail.

Les administrateurs centraux : technique et fonctionnel

Des outils simples, des règles de gestion

Des outils d'administration conviviaux et intuitifs doivent permettre de mener de manière efficace toutes les opérations d'administration technique et fonctionnelle d'un portail ou d'un bureau virtuel. Ces outils seront confiés aux administrateurs centraux. Le premier — le technique — est bien souvent membre de la DSI interne de l'entreprise.

Ses principales missions sont les suivantes :

- gestion des propriétés serveurs ;
- gestion des modules, portlets, widgets, plugins, etc., du BV ;
- gestion de l'affichage graphique (thème, CSS, templates) ;
- monitoring de l'activité du portail ;
- gestion des quotas ;
- gestion des sauvegardes.

Le second peut appartenir à une direction représentante des maîtrises d'ouvrage ou de la communication par exemple. Ses tâches d'administration fonctionnelles sont assurées dans la plupart des cas par des non-informaticiens après formation, en permettant notamment les tâches suivantes :

- ajout/modification/suppression d'utilisateurs ;
- gestion des droits utilisateurs ;
- utilisation des templates et de modules disponibles pour le portail ;
- consultation des statistiques ;
- gestion de la structure des pages et de l'arborescence.

Administration des « espaces » ou sous-sites du portail Intranet

Le rôle des utilisateurs

Les espaces collaboratifs et de contenu du portail Intranet peuvent être administrés individuellement, en fonction des droits donnés par l'administrateur du site de rang supérieur. Ils pourront être administrés par des non-informaticiens après formation, en permettant notamment les tâches suivantes :

- ajout/suppression d'utilisateurs ;
- gestion des droits utilisateurs ;
- gestion des modules complémentaires, portlets ou plugins ;
- gestion des quotas (le volume de stockage des informations sur un site sera préalablement défini par l'administrateur).

Autres fonctions clés de l'Intranet

Les autres fonctions de l'Intranet renvoient essentiellement à des questions d'habilitation sur les principaux contenus dématérialisés des services mis en ligne. Il est proposé ci-après une architecture fonctionnelle répartissant les responsabilités des fonctions.

Un rôle de valideur

Il est habilité à valider des demandes, des documents et des contenus, en fonction de ses droits, dans le cadre de la gestion documentaire, de la gestion de contenus et de la gestion des formulaires dématérialisés.

Un rôle de contributeur

Il est autorisé à mettre à jour des contenus. En outre, il peut être nommé au sein de certaines organisations, devenir rédacteur, etc.

Un rôle d'utilisateur

Cette population d'agents comprend la totalité du public cible, délimitée par sites, rubriques, portlets, etc.

Les fonctions de contributeur/rédacteur vont être chargées pour les uns d'enrichir une base documentaire, pour les autres de mettre à disposition des informations de court terme au travers de l'outil de gestion de contenu. Prenons l'exemple de collaborateurs d'une direction des ressources humaines : un contributeur/rédacteur dans le cadre d'un portail d'organisation sera chargé de mettre à jour des informations sociales.

Proposition de synthèse organisationnelle : matrice des fonctions

La matrice des fonctions Intranet ci-après synthétise les principales missions par fonction. Elle conditionne directement les habilitations des uns et des autres à la fois dans l'annuaire du portail rt dans l'organisation associée…

	Supervision, attribution des droits/rôles, gestion du fonctionnement de l'ensemble du portail	Supervision, attribution des droits/rôles, gestion du fonctionnement d'un espace du portail	Ajout et modification sur la structure	Ajout, modification, publication sur le contenu	Validation	Accès en lecture
Administrateur portail	X	X	X	X	X	X
Administrateur d'espace		X	X	X	X	X
Valideur					X	X
Contributeur				X		X
Utilisateur						X

Une même personne peut cumuler des profils différents. Il est donc indispensable d'anticiper dans la phase de choix puis d'intégration des mécanismes d'attribution de profils (individuels et par groupe), de mise à jour, de révocations, etc. Ceci renvoie encore aux enjeux bien souvent complexes liés à l'annuaire d'entreprise... et à un sous-système de sécurité propre aux fonctions et aux collaborateurs affectés... sans négliger leur suppléant. On retrouvera donc des fonctionnalités pour ceux-ci de type listes noires, révocations programmées de collaborateurs, etc.

Dans la même veine, sera attaché à la définition des missions de chacune des fonctions le concept de granularité des permissions attachées. Il s'agit de la gestion des droits relatifs à chaque objet (rubrique, page, portlet, document, etc.). Le niveau de granularité le plus fin demandé est le document.

La méthodologie de projet doit donc anticiper la description de la variété des nouvelles responsabilités, conséquences de l'intégration d'outils Intranet. Les travaux des groupes utilisateurs décrits précédemment voient dans leur objectif ce type de travaux. Ils définissent, en lien avec le groupe technique et le comité de pilotage, des profils utilisateurs.

Ces différents travaux relèvent de la conduite du changement. Ils peuvent connaître aussi des phases de transition délicates sur des fonctions vouées à disparaître... Ils impliqueront aussi une pérennisation de long terme bénéficiant du concours de la hiérarchie, voire des ressources humaines.

Enfin, alors que le propos développé ci-dessus est d'organiser et de définir, il faut aussi laisser une part à l'autonomie et à la créativité ! En effet, partant du postulat que les services Intranet constituent des leviers du projet d'entreprise et au-delà de l'innovation managériale, il est nécessaire de laisser des libertés aux utilisateurs – et ce même s'ils n'occupent pas une fonction de contributeur/rédacteur traditionnel...

ILLUSTRATION

Le cas Google

Pour illustrer l'autonomie pouvant être laissée aux utilisateurs et les phénomènes de confiance pouvant en résulter, la littérature en management est assez riche (sur les communautés de savoir par exemple). Le cas le plus emblématique en 2009, qui plus est une manifestation de l'écosystème Intranet, se retrouve dans les trois principaux services Intranet de Google.

Ainsi, la Misc List est une liste de discussion générale, « *véritable méli-mélo toujours renouvelé d'idées et de commentaires ouvert à tous les membres de toutes les équipes* », selon Gary Hamel, président-fondateur de Strategos, cabinet international de conseil en stratégie basé aux États-Unis, et célèbre professeur de stratégie de la Harvard Business School.

Pour sa part, le MOMA (Message Oriented Middleware Application) comporte un forum de discussion « *structuré pour chacun des plusieurs centaines de projets internes de Google, de sorte que les diverses équipes communiquent facilement sur l'avancement de leurs travaux, reçoivent des réactions des autres et, le cas échéant, sollicitent de l'aide* », toujours selon Gary Hamel.

Enfin les Snippets (« brèves » en français) sont un site Intranet où tous les « *ingénieurs de Google postent un résumé hebdomadaire de leurs travaux personnels. Chacun peut parcourir Snippets pour localiser les personnes qui travaillent sur des projets similaires au sien, ou simplement se tenir au courant* », précise Gary Hamel.

Nous sommes ici en présence de l'une des propriétés de l'écosystème Intranet : privilégier une information et une collaboration ascendante alliée à de la transparence interne favorisée par le management… Les réactions des collaborateurs dans de tels services Intranet entretiennent l'échange, le partage et de réelles fertilisations croisées… Selon Gary Hamel, nous sommes en présence de l'architecture sociale du Web — ouverte, plate, malléable, non hiérarchisée — appliquée à l'architecture d'une entreprise !

Former les utilisateurs, les acteurs de l'animation et du support

Parmi les mesures décrites précédemment, plusieurs méritent davantage de détail. Aussi, plusieurs actions sont caractérisées ci-après. Il s'agit ainsi de développer une mesure principale — comme mentionné précédemment — des actions de communication et de promotion.

Informer

Quelques réflexes...

Le déploiement d'un Intranet 2.0 implique donc une réelle conduite du changement. Il est ainsi nécessaire d'informer les utilisateurs de tous horizons bien en amont du déploiement. À ce propos, une information *via* le canal du journal interne de l'entreprise et/ou de l'Intranet actuel peut être livrée au cours de la phase de démarrage de projet. Un concours pour trouver un nom à l'Intranet peut également être organisé.

Des réunions d'information auprès des décideurs de l'entreprise puis à la destination de tous les collaborateurs doivent être menées à bien. Les finalités de l'Intranet y sont présentées. On peut aussi imaginer qu'un « objet Intranet » soit distribué à chaque futur utilisateur.

De l'information à l'adhésion...

Le lancement du projet puis des phases suivantes, à savoir celles du déploiement/paramétrage d'une ou de plusieurs solutions sélectionnées doit être complété par l'information des collaborateurs « utilisateurs », des étapes de conception et d'utilisation tests. De telles étapes sont indispensables, que l'on évolue au sein d'ingénieries séquentielle ou simultanée.

Dans ce cadre, des maquettages aussi bien techniques que fonctionnels seront effectués. Ils permettront d'affiner les choix et fonctionnalités de l'Intranet (charte graphique, cinématique de navigation, outils, etc.). Les groupes technique et utilisateurs deviennent à la fois des plateformes de travail (conception) et de tests (utilisation). Selon les finalités du projet Intranet, plusieurs itérations seront très certainement nécessaires. Le comité de pilotage effectue, quant à lui, des validations à chacune d'entre elles.

Former

Concevoir

Sur la base d'un prototype stabilisé, il devient envisageable d'engager les mesures liées à la formation des utilisateurs, qu'ils soient administrateurs, contributeurs, modérateurs, responsables d'un espace ou simples utilisateurs. Ces mesures sont en effet engagées sous la forme d'actions préparatoires : de conception pédagogique, de développement de situations d'apprentissage pour les outils d'e-learning ou encore des espaces exemples pour des équipes projets, des communautés de savoirs, etc.

Engager la formation

Une fois les services Intranet (structure, charte et contenu) stabilisés, des formations peuvent avoir lieu. Des populations de « stagiaires de formation » cibles doivent être identifiées avec la direction des ressources humaines. Il faut compter un à trois jours de formation pour les utilisateurs standard de type rédacteur, voire administrateur d'espaces sur des modules spécifiques (GED, workflow, etc.). Les administrateurs gérant la totalité du portail ou d'un ensemble de services Intranet pourront, eux, suivre des formations d'au moins dix à quinze jours. Quant aux utilisateurs traditionnels d'un Intranet, ils pourront directement se former dans un espace d'apprentissage en ligne... voire de plus en plus au travers d'un support multimédia (vidéo).

Seule parfois une conférence de présentation générale permet bien souvent d'introduire les changements ou ajouts de fonctionnalités... Certaines entreprises investiront davantage dans des dispositifs d'accompagnement personnalisé, bien plus que dans des formations lourdes à destination de la totalité des collaborateurs... Enfin, il faut encore noter que la volumétrie de certaines formations dépendra en fait du niveau d'indépendance retenu par l'entreprise vis-à-vis de ses prestataires partenaires.

Ne pas omettre la charte d'utilisation et d'usage...

Au cours des différentes formations, une charte Intranet pourra être distribuée et commentée. Elle synthétisera les bons usages et bonnes pratiques sur de tels outils et rappellera les principales règles de sécurité.

BON À SAVOIR

Les principales dimensions d'une charte Intranet

La charte indique les règles régissant les conditions d'utilisation des moyens informatiques mis à la disposition de l'employé. Elle complète le règlement intérieur et rappelle les règles de base et le contexte légal encadrant l'utilisation des technologies informatiques au sein de l'entreprise. Elle ne sert pas seulement à informer l'utilisateur, mais aussi à protéger l'entreprise. L'utilisateur y trouvera un cadre juridique, notamment des rappels des notions de propriété industrielle, droits d'auteurs, ou des obligations vis-à-vis de la CNIL (Commission Nationale de l'Informatique et des Libertés).

Dans certaines chartes, on identifie les règles suivantes :
- mode d'attribution des ressources informatiques ;
- droits d'accès ;
- politique de mots de passe ;
- règles de gestion des changements ;
- interdictions (installations de logiciels pirates, etc.) ;
- règles de confidentialité, etc.

Dans certains cas, l'entreprise utilise la charte pour présenter ses procédures et ses règles de sécurité en joignant au corps du texte ou en annexe des fiches pratiques : pour une meilleure utilisation de la messagerie, du téléphone, etc. La charte est rédigée de manière claire et concise. Elle doit pouvoir être parcourue par l'ensemble des salariés, quelles que soient leurs compétences informatiques. Elle peut être signée par les salariés concernés. Le cadre juridique encadrant l'utilisation des TIC est récent et donc encore relativement mouvant. Ainsi est-il conseillé de rédiger cette charte avec l'appui du service juridique et de la faire évoluer avec l'actualité du moment. Dans certains cas, un cabinet juridique spécialisé peut être nécessaire.

Enfin, les différents éléments décrits en matière de formation doivent s'intégrer dans le plan de formation pluriannuel de l'entreprise. Des actions d'évaluation doivent être prévues.

La clé de l'écosystème Intranet 2.0

Conduite du changement

De l'appropriation à la recherche de valeur

La conduite du changement est la clé numéro un de la valeur ajoutée et des externalités de l'écosystème Intranet. Que ce dernier soit orienté comme un écosystème au service du projet d'entreprise et de sa déclinaison ou comme un levier à la transversalité interne, à la mise en valeur d'initiatives par la base ou encore qu'il soit une synthèse, réel mélange de ceux-ci, la conduite du changement constitue à la fois une condition de succès de l'appropriation par les collaborateurs des nouveaux services mis en ligne et un travail de long terme qu'il s'agira d'entretenir, d'adapter, de relancer…

La place de la culture d'entreprise

La conduite du changement est — dans un contexte de projet Intranet — assimilable à un arbre de mesures. Ces mesures peuvent pour certaines être génériques et donc communes à toutes les entreprises. Cependant, la grande majorité ne l'est pas. Elles dépendent de la culture de l'entreprise, de l'état d'esprit général porté par la hiérarchie et plus largement de son historique managérial. Un tel travail de définition des mesures fondamentales est essentiel. Il relève directement des attributions du directeur ou du chef de projet. Il n'est pas sans risque et sans complexité…

Donner une coloration à votre écosystème Intranet

En répondant à la variété des enjeux décrits dans ce chapitre par des mesures concrètes, flexibles et adaptées, le management de l'entreprise donne aux services Intranet une coloration marquée à l'écosystème, empreinte d'autonomie, de personnalisation au regard des situations de travail, de développement d'usages au service des performances individuelles et collectives… La conduite du changement est un générateur de succès ; elle génère encore un terreau fertile à d'autres bénéfices…

Innovation managériale

Vers un autre management

Le propos peut encore être poussé plus loin. La conduite du changement est un vecteur au service de l'innovation managériale dans un contexte de déploiement de nouveaux services Intranet. Les nouvelles fonctionnalités, les usages qu'elles impliquent, vont à la fois influer sur les comportements, sur les relations et sur la performance. Mais ce n'est pas tout. Ces mêmes fonctionnalités et usages couplés d'une démarche personnalisée d'accompagnement vont être un réel creuset au service du développement d'un autre « management »... La quête de ce dernier conditionne la réussite de l'entreprise, mais également l'essor de l'innovation managériale. Complémentaire aux autres formes d'innovation, elle génère aussi de la valeur intrinsèque et s'inscrit dans notre propos telle une des résultantes possibles de l'écosystème Intranet...

Dualité « management et écosystème Intranet »

Quels en sont les principaux termes ? En reprenant les derniers travaux de Gary Hamel, on peut résumer l'innovation managériale ainsi : « *C'est tout ce qui modifie substantiellement la façon dont sont effectuées les tâches de management ou les structures traditionnelles de l'entreprise, lui permettant ainsi de mieux atteindre ses objectifs.* » Rapprochée de l'écosystème Intranet et de la définition de Gary Hamel, la convergence peut être décrite comme ci-après.

Pratiques traditionnelles du management	Principaux processus de management de l'entreprise	Principaux enjeux en phase d'intégration	Quelles sources d'innovations managériales au cœur de l'écosystème Intranet ?
Fixer et programmer des objectifs	Élaboration de la stratégie	Alignement de la stratégie avec le ou les nouveaux services mis en ligne	Développer une identité.
Motiver les efforts et faire en sorte qu'ils aillent tous dans le même sens	Communication interne Conduite du changement	Utilisation performante des outils d'actualités en ligne, de gestion de contenu, de profilage des contenus	Développer des schémas communs, des supports à l'évaluation. Développer une dynamique d'ensemble alliée à des principes de responsabilisation.

Pratiques traditionnelles du management	Principaux processus de management de l'entreprise	Principaux enjeux en phase d'intégration	Quelles sources d'innovations managériales au cœur de l'écosystème Intranet ?
Coordonner et contrôler les activités	Gestion de projet Pilotage par processus Analyse périodique de l'activité	Mise à disposition des outils performants de workflow, des situations de travail avec des applications intégrées ; intégration d'outils de pilotage combinés à des bases de connaissance	Trouver de nouvelles sources d'aides à la décision ; combiner réactivité et prise de recul ; apporter des vues publiques pour les grands projets ; développer des baromètres consultables par tous
Développer et affecter les talents	Recrutement et promotion Politique de ressources humaines ambitieuse et agile	Mise à disposition des outils conviviaux de partage et de Web social ; outils simples pour capitaliser et mettre en valeur ; développement des annuaires de « know who »	Mettre en valeur les « know who » réelles poches de savoir (bien souvent sous exploitées) ; développer des micros innovations et les valoriser dans la hiérarchie ; confronter les idées et la créativité de chacun ; valoriser des talents et les faire éclore Développer les communautés de savoir par la mise à disposition d'outils de Web 2.0
Accumuler et exploiter les savoirs	Formation et développement	Équilibre à garder entre des bases de contenus génériques et des bases de connaissances spécialisées et métier ; mise en œuvre de premiers blogs et wikis favorisant la valorisation de savoirs méconnus	Bénéficier d'une mémoire interne et transgénérationnelle ; dégager de la valeur sur la base d'actifs immatériels présents dans l'entreprise Favoriser la formation à distance, les partages de bonnes pratiques et de retours d'expériences par des wikis et des blogs
Amasser et affecter les ressources	Allocation de ressources et budgétisation	Accès à des applications intégrées donnant un accès direct et une vision pertinente des ressources	Aider à la décision ; prendre du recul ; proposer de nouvelles représentations des possibles

Pratiques traditionnelles du management	Principaux processus de management de l'entreprise	Principaux enjeux en phase d'intégration	Quelles sources d'innovations managériales au cœur de l'écosystème Intranet ?
Construire et entretenir les relations	Management des connaissances	Développement des espaces collaboratifs (projet, communautaire) faciles d'accès et à la gouvernance établie	Développer des nouvelles formes de réseaux sociaux et de *ba*, réelles plateformes de percolation des idées et des connaissances
Satisfaire de façon équitable les attentes des diverses parties prenantes	Évaluation et rémunération du personnel	Outil de communication interne commun à toute l'entreprise à avoir	Développer la transparence et la communication personnalisée selon les fonctions et les activités

Des bénéfices pour l'organisation !

On l'entrevoit donc très bien : la définition d'un système cible Intranet aligné avec le projet d'entreprise et combinée avec des mesures de conduite du changement ambitieuses et adaptées concourt à favoriser des réflexes, des pratiques, etc., d'innovation managériale, bénéfique à toutes les strates de l'entreprise… L'écosystème Intranet comprend donc la possibilité pour le management de tirer bénéfice des services Intranet et de leurs usages. Sa gouvernance d'ensemble doit donc constituer un équilibre à la fois dirigé et souple pour favoriser un tel environnement sans le restreindre… Tel est le défi d'une entreprise disposant déjà d'un Intranet et/ou cherchant à en développer un nouveau…

L'ESSENTIEL À RETENIR

Les facteurs clés de succès d'une intégration réussie ou l'appropriation par l'organisation et par ses collaborateurs de ses nouveaux services Intranet sont les suivants :

- ✓ La conduite du changement, son anticipation et sa mise en œuvre sont la principale clé de succès de la réussite de la phase d'intégration.

- ✓ La conduite du changement est décomposable en une série de mesures et d'actions tangibles et positionnables à différentes échelles : globale, ou des départements, voire de populations d'utilisateurs cibles.

- ✓ Les mesures de conduite du changement doivent être compatibles avec l'ADN de la culture d'entreprise de l'organisation. Néanmoins, des actions atypiques peuvent aussi être bénéfiques.

- ✓ Les mesures de conduite du changement sont par nature plurielles et doivent former un terreau fertile pour l'émergence de l'écosystème Intranet.

- ✓ La conduite du changement n'est pas sans risques : les instances chargées de la conception et de la mise en application de telles mesures doivent en avoir conscience.

- ✓ La conduite du changement représente en outre un réel levier pour la performance de l'entreprise. Elle ne doit donc pas uniquement être centrée sur les nouvelles fonctionnalités et peut connaître des dimensions connexes liées au management de l'information et de la connaissance, à l'essor managérial, etc.

- ✓ La conduite du changement ne se limite pas qu'à la phase d'intégration et à sa préparation. Elle peut détenir un caractère pérenne selon les ambitions de l'entreprise.

Chapitre 3

Pérenniser l'écosystème Intranet 2.0 : la clé du succès à long terme

Une fois mis en production, c'est-à-dire en ligne pour les utilisateurs cibles, le nouvel Intranet et ses modules forment la **fondation de l'écosystème Intranet**. La variété des fonctionnalités pensées puis intégrées va directement toucher le quotidien des collaborateurs, dans leur métier et leurs tâches. Aussi est-il indispensable d'anticiper — comme la conduite du changement l'aura été également — la pérennisation de la dynamique initiée et l'écosystème Intranet en lui-même.

Une telle pérennisation repose sur des dispositifs de suivi et de gouvernance et des principes d'animation. Ces derniers seront alignés avec le cycle de vie de l'Intranet. Ils devront prendre en compte d'éventuelles périodes de désintérêt, voire des échecs quant à certaines fonctionnalités.

Il s'agira aussi de qualifier les ressources et entités opérationnelles chargées de porter à la fois ces dispositifs que la relation avec toutes les strates de l'entreprise. On verra alors apparaître, par exemple, des cellules Intranet, de management de l'information et de la connaissance, etc.

Ce dernier chapitre précise comment réussir une telle pérennisation. Celle-ci est avant tout de nature managériale et organisationnelle. Dans cette veine, l'animation et la gouvernance retenues doivent être positionnées à une échelle suffisante dans la hiérarchie pour que l'écosystème bénéficie au maximum à l'organisation tout entière.

Le cycle de vie de l'Intranet et l'objectif d'amélioration continue

Animer

Il est essentiel de réfléchir aux mesures d'animation et de conduite du changement d'une part et de gouvernance d'autre part, qui présideront à la dynamique de l'Intranet et plus largement de son écosystème. En effet, ce dernier est intimement lié aux services Intranet mis en ligne, à l'historique de leur intégration et à l'organisation dans laquelle il a éclos. Dans cette perspective, le cycle de vie et plus largement celui des couples fonctionnalités/usages qui lui sont associés doivent être anticipés puis gérés. Traditionnellement, un cycle de vie dans le cadre de la mise en ligne d'un nouvel outil portail comprendra les étapes (ou paliers) suivants.

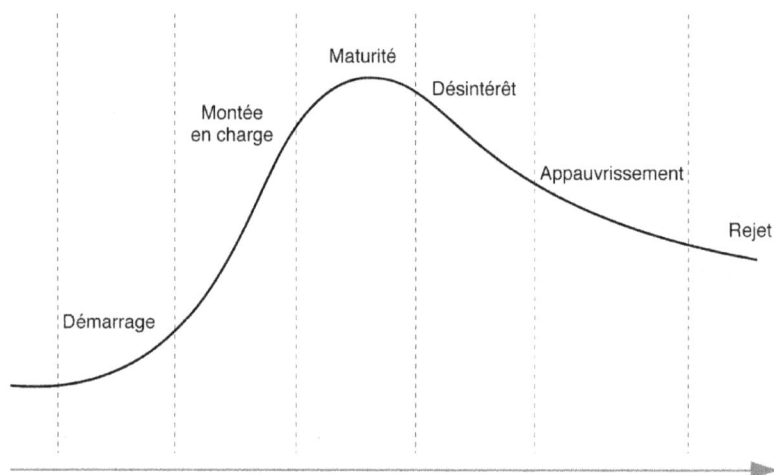

Figure 42 : Cycle de vie de l'écosystème Intranet – Cas d'un nouvel Intranet de type portail

Un comité de suivi orienté usages

Le comité de suivi doit conduire les différentes phases de développement de l'écosystème Intranet. La phase de maturité est un virage en amont duquel des évaluations doivent avoir lieu. Elles doivent permettre d'ajouter de nouvelles fonctionnalités voire d'effectuer des ajustements. Une telle politique doit permettre d'éviter le sentier du désintérêt. En effet, nombreux sont les Intranet et leurs écosystèmes à connaître des développements conséquents, puis des périodes de décroissance.

Des mises à jour régulières des solutions Intranet sont donc nécessaires. De la même manière, des actions de promotion sont à programmer. Les utilisateurs doivent pouvoir trouver des informations fiables avec un accès rapide sans frein apparent.

La crédibilité des systèmes mis en place implique les membres du comité de suivi, mais pas uniquement. En effet, les contributeurs/rédacteurs présents de manière décentralisée ont également un rôle à jouer. Ils doivent non seulement garantir des informations à jour, mais également leur validité.

Le cycle de vie de l'écosystème Intranet doit donc être pris en compte. Il peut l'être dès la phase de définition du système Intranet. En effet, il est envisageable lors de cette étape de déterminer plusieurs périodes dans son développement — autant de nouveautés pour les utilisateurs.

Les paliers du cycle de vie

Plusieurs **paliers du cycle de vie** sont des « zones » où les mesures de conduite du changement définies et affinées en phase d'intégration connaîtront ou pas des succès. Une réelle tension existe, qui comprend les dimensions suivantes :

- réussite d'ensemble de l'ergonomie et de la navigation ;
- attractivité des contenus et des autres informations métiers ;
- flexibilité et simplicité des services d'intégration d'applications ;
- mise à disposition (ou non) de services décentralisés (mini-sites, sites personnels, etc.).

Ces dimensions ne seraient pas complètes sans la prise en considération de la philosophie générale de l'écosystème Intranet et plus largement ce que l'on surnomme sa coloration. Au regard de la culture de l'organisation et des traditions managériales — qu'elles soient ancrées ou non — il prendra en effet très rapidement une coloration « *top down* » ; une coloration centralisée pour les fonctionnalités ; collaborative pour les pratiques et donc fortement Web 2.0 ; une coloration **hybride**, mélange des deux premières colorations décrites.

Coloration de l'écosystème Intranet et culture managériale

Selon la volonté de la hiérarchie et en insistant à nouveau sur la culture managériale de l'entreprise, l'une ou l'autre coloration pourra germer dès les phases de démarrage et de montée en charge ou ne jamais voir le jour ! Notons que les écosystèmes Intranet portant une coloration forte de type social, collaboratif et « *bottom up* » — et bien souvent creuset d'innovations managériales, de créativité et de confrontation — auront ou pas de telles propriétés dès le début. Nous pensons en effet qu'il sera difficile d'intégrer un nouvel état d'esprit, de nouveaux réflexes et plus globalement de nouveaux usages dans un écosystème en phase de maturité avancée… ou alors au prix d'un effort et d'un courage managérial élevés.

Mettre en ligne des « killer applications » et des prototypes innovants

Les entreprises souhaitant être prudentes peuvent aussi en phase de lancement et de montée en charge lancer des applications traditionnelles (portail, gestion de contenu, etc.) tout en laissant quelques prototypes à la coloration sociale, collaborative et « *bottom* up » ! Une liberté sera ainsi laissée à des populations d'utilisateurs collaborateurs (voire à l'ensemble) sur des thématiques données ou des expérimentations particulières.

Un défi : la progressivité des changements d'usages

Dans cette veine, le principal défi de l'équipe de suivi et d'animation de l'Intranet sera — comme pour le lancement d'un produit – d'être en mesure de concevoir une progressivité de mise en ligne des fonctionnalités compatibles avec la culture d'entreprise tout en étant à l'écoute des retours utilisateurs. Le propos n'est pas non plus de décourager l'audace lors de la phase de lancement. Il en faut nécessairement, mais elle doit se manifester pour des services ne risquant pas d'entamer la confiance naissante…

Ce défi n'est pas limité aux phases de lancement et de montée en puissance. Il est indispensable dans une approche dynamique du cycle de vie de l'écosystème qu'un renouveau spontané puisse s'engager. Ceci parce qu'il aura été anticipé dès la phase de système cible et donc lors de la méthodologie de projet ; ou parce qu'il aura été préparé de manière synchrone à la phase de montée en puissance ; ou encore parce qu'il aura été engagé spontanément par les utilisateurs eux-mêmes, au sein même de l'écosystème, par une utilisation voire une recombinaison de fonctionnalités/usages de type Web 2.0 !

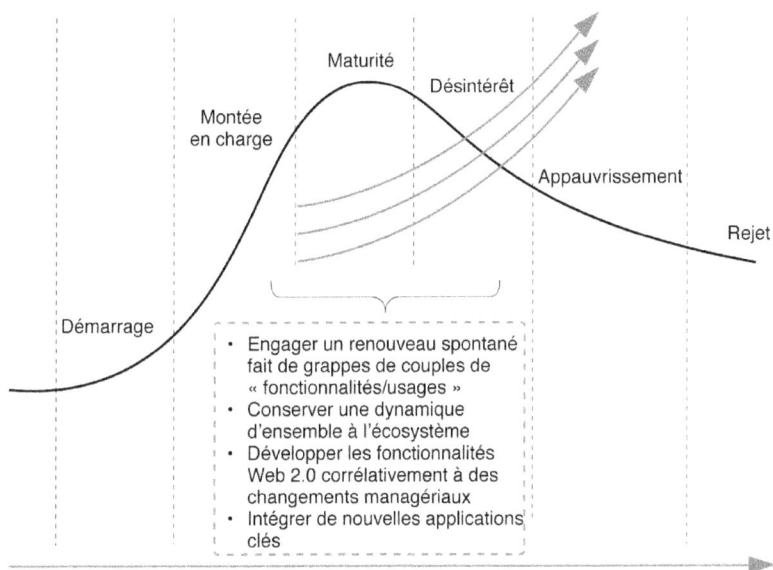

Figure 43 : Cycle de vie de l'écosystème Intranet – Renouveau spontané et grappes de couples fonctionnalités/usages

Les écosystèmes Intranet colorés « social, participatif et bottom up »

Ces opportunités sont radicalement nouvelles aussi bien en matière de systèmes d'information que de systèmes organisationnels ! En effet, elles témoignent que dans un écosystème Intranet à coloration sociale, participative et « *bottom up* », les utilisateurs eux-mêmes — et ce en respectant les normes internes de l'entreprise — vont générer de nouvelles grappes de couples fonctionnalités/usages. Celles-ci ne nécessiteront dans la plupart des cas que de très rares nouveaux développements, mais bien plus des aménagements sur la base de plateformes collaboratives et communautaires, blogs, wikis et autres réseaux sociaux internes. On voit alors apparaître pleinement la génération spontanée d'un ou de plusieurs nouveaux cycles de vie, reflets d'une réelle appropriation des collaborateurs de leur Intranet. Plus globalement encore, on perçoit — ce qui n'est pas sans créer d'autres interrogations — que les utilisateurs deviennent de plus autonomes vis-à-vis de leur maîtrise d'œuvre interne pour certaines fonctionnalités.

La dualité de l'animation et le développement des usages

L'animation de l'écosystème Intranet revêt alors d'une **réelle dualité** : réussir à maintenir une cohérence d'ensemble ; conserver cette spontanéité et cette appropriation, signes à la fois d'une réussite des mesures de conduite du changement et témoignage d'un management 2.0 ! Ces sujets sont les variables à prendre en considération pour réussir, après la conduite du changement, la gouvernance de l'Intranet.

Enfin, on ne peut omettre que les couples **fonctionnalités/usages** vont devoir aussi connaître des processus d'amélioration continue et répondre à des demandes de modifications et d'ajouts de services. Ces objets entreront dans une gouvernance traditionnelle d'outils informatisés. Notons néanmoins que la demande les utilisateurs de réactivité et de souplesse dans les fonctionnalités sera accrue. En effet, il peut paraître incompatible de promouvoir des services flexibles et collaboratifs d'une part, synonymes de lourdeurs d'évolution d'autre part.

Mettre en œuvre une instance de gouvernance de l'écosystème Intranet

Étant donné que l'écosystème Intranet inclut aussi bien des dimensions relatives aux systèmes organisationnels, au management, au système d'information, qu'au management de l'information et de la connaissance et plus finement encore à l'outil de travail, de production et de collaboration de plusieurs milliers de collaborateurs dans une entreprise, définir une structure de gouvernance unique n'est pas chose aisée dans une grande entreprise globalisée !

Notre objectif est bien plus de présenter les principes fondamentaux qu'il convient d'appliquer à la fois pour piloter au mieux la phase de transition avec les équipes projet, puis les phases décrites dans le cycle de vie. Dans la même optique, la coloration de l'écosystème Intranet influencera encore la nature de la gouvernance. En effet, cette dernière pourra être plus ou moins dirigiste ; plus ou moins déconcentrée dans des filiales, business unit, centres de profit, etc., en fonction de ladite coloration et du type de fonctionnalités/usages.

Un certain nombre de fondamentaux peuvent néanmoins être mis en œuvre, quelle que soit la coloration de l'écosystème. Ils sont décrits dans la figure suivante. Plusieurs formes de structures de gouvernance y sont présentées.

Comité de suivi

Il est bien souvent une structure traditionnelle de gouvernance. Les membres de la cellule Intranet y sont représentés par leur responsable. Dans le cas des très grandes entreprises, les membres des grandes zones géographiques du monde y sont présents.

Les membres du comité de suivi sont par nature variés, par exemple :

- secrétaire général ;
- grands gestionnaires d'entités ;
- référent des systèmes d'information ;
- référent urbanisation des systèmes d'information ;
- référent knowledge management ;
- référent politique de sécurité des systèmes d'information ;
- référent organisation/méthodes, membres responsables de la cellule Intranet.

Enfin, ses principales missions consistent à :

- valider les propositions des gestionnaires d'entités ;
- remonter les difficultés d'application tant sur le portail que sur les sites communautaires ;

▶ informer des évaluations ;

▶ planifier, valider et proposer de nouvelles normes de fonctionnement, de nouveaux couples fonctionnalités/usages ;

▶ mettre en valeur des réussites, lancer une nouvelle fonctionnalité réduite, mais innovante, etc.

Comité d'orientations stratégiques

C'est une structure essentielle pour les écosystèmes Intranet intégrés dans l'organisation de l'entreprise, dans son management, voire au-delà dans sa culture.

Ses principaux membres sont :

▶ secrétaire général ;

▶ direction de la communication interne et externe ;

▶ représentants du comité de suivi ;

▶ directeur des systèmes d'information ;

▶ DSI ;

▶ direction de l'organisation interne et de la gouvernance, etc.

Les principales missions du comité d'orientations stratégiques sont les suivantes :

▶ arbitrage sur les évolutions souhaitées et leur proposition de priorisation ;

▶ validation de la communication ;

▶ validation des modalités d'évaluation et de qualification des usages, bénéfices ;

▶ validation des actions de conduite du changement.

Une autre mission consiste à jouer le rôle d'aiguillage entre le comité de management des systèmes d'information et/ou le comité de direction (ou comité exécutif selon les entreprises).

Ce type de comité ne doit pas être avare de séminaires et autres ateliers créatifs afin d'anticiper les paliers du cycle de vie de l'écosystème Intranet.

© Groupe Eyrolles

Comité par grande entité

Ces comités par grandes entités appliqueront des décisions du comité de direction. Ils sont connectés, par exemple, au comité de suivi Intranet ; leurs représentants en sont membres. Ils seront en charge de la cohérence et de la gouvernance à l'échelle de l'entité et animent des communautés de contributeurs/rédacteurs, des gestionnaires d'espaces, etc.

Ce sont donc des acteurs à proximité du terrain pour toutes les questions de conduite du changement. Ils sont aussi bien souvent des filtres pour les demandes de modifications et celles liées aux unités de développement de la maîtrise d'œuvre interne ou externe informatique.

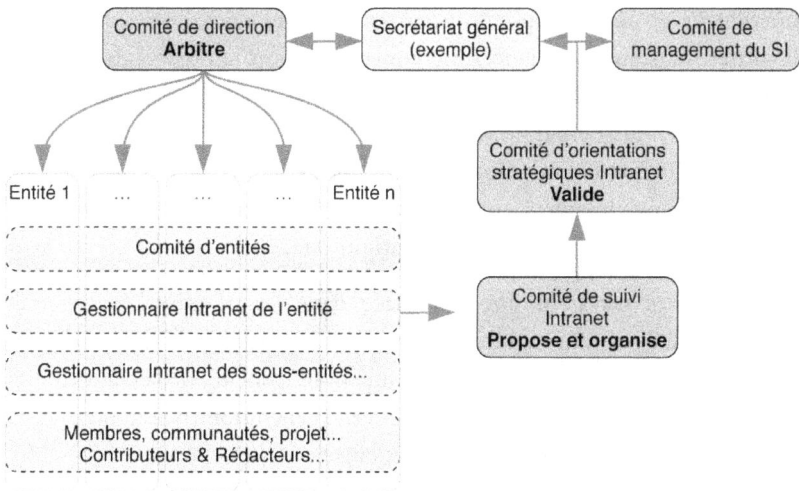

Figure 44 – Exemples de structures de gouvernance de l'écosystème Intranet au service du G@Vu

Ces structures de gouvernance sont plus ou moins dirigistes selon les entreprises. Elles exercent une fonction d'animation et doivent favoriser — avec le management de l'entreprise — des terreaux fertiles pour la proposition d'initiatives en termes de partages d'information, d'espaces liés à l'innovation, etc.

Caractéristiques de la gouvernance

La gouvernance doit être globalement semi-dirigée, c'est-à-dire encadrante, mais souple. Elle doit fixer des normes et des standards, mais laisser une place à la créativité ; mesurer des résultats, des degrés d'usage et des éventuels retours sur investissement, mais aussi laisser de la place à l'intangible ; enfin permettre de comprendre les évolutions comportementales et les autres signaux faibles qui en résultent.

Cette gouvernance représente un défi pour chacun : pour les collaborateurs qui ont porté le projet ; pour la hiérarchie comme pour certaines fonctions (systèmes d'information, ressources humaines, sécurité, communication interne et externe). Elle constitue donc bien le lieu d'une tension où rigueur et auto-organisation peuvent être les deux pôles extrêmes à favoriser mais aussi à nuancer. La gouvernance est le creuset de la dynamique de l'écosystème Intranet comme elle peut s'avérer la source de son étouffement. Aussi est-il nécessaire à la fois de démontrer des gains tangibles individuels et organisationnels pour que l'écosystème soit justifié et de laisser de « belles histoires » se produire, résultantes de communautés auto-organisées, sur un sujet, une problématique, etc.

Ces principes n'avaient pas leur place dans les premiers écosystèmes Intranet bien souvent nommés à tort Intranet 1.0. À l'origine, il était essentiellement nécessaire de garantir une homogénéité, de la cohérence et un accès à des contenus limités. La nouvelle génération de fonctionnalités Intranet renvoie pour sa part à d'autres enjeux.

En conclusion des principes liés à la gouvernance, il faut retenir qu'un système de gouvernance s'impose. Il doit être composé de structures aux périmètres, objectifs et missions clairement établis. Un tel système doit reposer sur des indicateurs formels, mais pas uniquement comme nous l'avons démontré. Le système de gouvernance doit donc être aussi synonyme d'animation. Il doit ainsi être en mesure de garantir des principes de fonctionnement d'une part et le renouveau spontané que la variété des acteurs peut insuffler d'autre part.

Compétitivité des systèmes Intranet

L'évaluation des systèmes Intranet et des couples fonctionnalités/usages concerne encore les effets qu'ils induisent sur l'entreprise et plus largement sur ses ressources humaines. En étant des instruments au service de la capitalisation et de nouvelles formes de fertilisations croisées, ils se placent au service de l'entreprise 2.0 « processeur d'information et de connaissances ». Les paragraphes suivants proposent une grille de lecture de ces dimensions.

L'entreprise 2.0 « processeur d'information et de connaissances »

Au sein de l'Intranet 2.0, les principales grandes fonctionnalités et leurs usages associés sont des catalyseurs au service des compétences. En effet, elles offrent de nouveaux fondements de partage et de capitalisation de connaissances. Le partage est synonyme d'une mise à disposition d'informations sujettes à interprétation. Dans ce cadre, les utilisateurs font appel à des connaissances variées. La capitalisation, quant à elle, renvoie à la structuration de codes de connaissances ou de connaissances codifiées.

La connaissance reste le seul fait de l'individu. Les fonctionnalités — gestion de contenu, blogs, wikis, espaces thématiques privés et/ou publics — forment dans cette optique un média au service d'un tel partage et d'une telle capitalisation. Elles ne peuvent se substituer aux mécanismes cognitifs individuels ni à des interactions sociales, sources de socialisation.

C'est ici que les externalités de connaissances se produisent. Les individus captent et interprètent les informations mises à disposition, agissent, modifient leurs plans, font évoluer leurs pratiques, leurs routines, même les processus. Néanmoins, elles ne sont pas du même ordre que dans un contexte traditionnel où la virtualité n'existe pas. De quelles natures sont-elles ?

Elles correspondent essentiellement à l'accroissement de connaissances codifiées assimilables totalement à de l'information et à leur mise à disposition au plus grand nombre. Elles s'assoient également sur les codes de connaissances émises par les individus lors de leurs échanges par le biais des solutions collaboratives. Les collaborateurs interagissent au moyen d'un langage admis et partagé. Ils échangent ainsi des idées, des présupposés ou plus généralement des principes. Dans certains réseaux sociaux de l'écosystème Intranet, ils se valorisent aussi, se testent, se rassurent, ou encore se confrontent par ce biais.

Le contenu d'une brève dans un flux RSS intégré à un bureau virtuel n'est pas uniquement formé de codes de connaissances. Il reflète aussi l'existence d'informations libres de contexte et totalement basiques. Lors de la lecture à l'écran d'un message ou plus généralement d'un contenu, l'utilisateur fait appel à sa mémoire et à ses connaissances. Il engage des schémas cognitifs traditionnels composés de réflexions et de représentations.

Des externalités de connaissances

Les externalités de connaissances combinent donc à la fois un intérêt pour de nouvelles formes de stockage des connaissances et des sources d'interprétation. Les compétences des individus sont ici sollicitées et actionnées. Elles peuvent aussi évoluer en fonction de la nature de l'objet étudié.

Ainsi, l'accès à des bases d'expertises engendre des apprentissages de divers ordres ayant une portée individuelle ou organisationnelle. Dans le premier cas, l'utilisateur renforce ses compétences par des connaissances codifiées. Dans le second cas, la mise à disposition à une population d'utilisateurs de telles expertises favorise un changement dans des pratiques ou des normes. On retrouve en ces termes les opportunités offertes en matière d'innovation managériale, voire au-delà dans les interactions conduisant à la créativité.

Cette variété d'externalités de connaissances engendre des profits de connaissances largement intangibles. Ils sont donc difficilement valorisables. D'une part, ils se traduisent par des améliorations de productivité et/ou de réactivité. D'autre part, ils permettent des résolutions de problèmes plus courtes, des réponses plus aisées à des clients, et plus largement des prises de recul et des confrontations !

Influence et transformation de l'organisation

Si l'Intranet influence les structures organisationnelles, les processus et les ressources, il génère encore des plateformes cognitives à plusieurs échelles. La première d'entre elles concerne les espaces d'échanges de connaissances codifiées comme les espaces de projet, communautaires, connaissances, voire certains forums ou outils de messagerie instantanée. On aboutit à la mise en œuvre d'un « cyberba », au sens de Nonaka et Konno. Des corps de connaissances codifiées sont échangés ou capitalisés. La seconde échelle correspond aux externalités générées à la suite d'échanges dans un « cyberba ». En effet, en absorbant des informations provenant de l'Intranet, les collaborateurs rapatrient de nombreux éléments. Ils engendrent à ce titre d'autres espaces partagés non virtuels. Il est entendu par là que les fonctionnalités Intranet sont de nouvelles sources d'interactions. En créant de nouveaux accès à l'information, ils induisent de nouveaux usages cognitifs dans l'entreprise. On entrevoit ici combien l'écosystème Intranet constitue un ensemble interactif !

Il est encore source d'autres formes d'externalités et donc de performances plus ou moins tangibles. On note, en effet, par le biais de certaines fonctionnalités et usages, un décloisonnement global des compétences. Les annuaires d'entreprises, les bases d'expertises ou le contenu de certains portails génèrent de nouveaux réseaux d'interactions. Des communautés d'intérêts et de savoirs se créent puis disparaissent entre des collaborateurs d'horizons différents et sur des objets variés. La création de réseaux de communautés de pratique peut également être facilitée, le principe étant aussi de favoriser leur interconnexion.

Enfin, l'écosystème Intranet est générateur d'actifs immatériels. Ces derniers émergent au travers de travaux collectifs virtuels et traditionnels des membres de l'entreprise. Ils renforcent une identité et la culture d'entreprise. Ils donnent à l'extérieur de l'entreprise un gage de performance.

Réalité de la conversion des connaissances

Une partie de ce propos peut néanmoins être nuancée. Il ne faut pas omettre que les fonctionnalités Intranet sont avant tout des systèmes d'information. À plusieurs reprises, l'intérêt des logiques d'information et de connaissances a été démontré et expliqué.

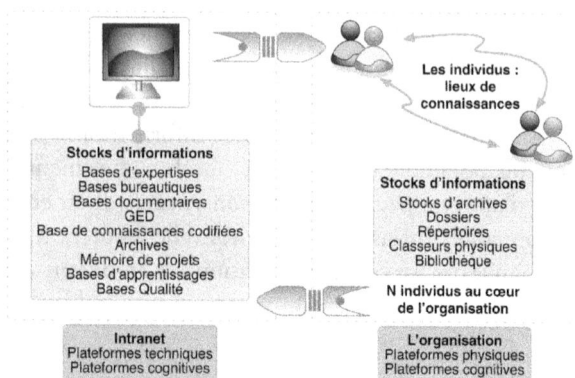

Figure 45 : Modes de conversion de connaissances et écosystème Intranet

Des modes de conversion s'effectuent de manière bilatérale. On retrouve d'une part des modes de conversion de type « socialisation » entre des individus regroupés dans un lieu physique, et d'autre part au sein de l'Intranet, des modes de conversion de type « combinaison » (c'est-à-dire « cyberba ») entre des utilisateurs réunis à un instant donné ou non sur l'Intranet.

Le passage de l'est à l'ouest dans la figure se produit avec comme fondement un mode de conversion de type « externalisation ». Des processus d'information s'effectuent. Le caractère « processeur d'information » s'exécute. Le passage de l'ouest à l'est, quant à lui, implique l'appropriation par les collaborateurs des informations provenant des systèmes Intranet. Le mode de conversion se rapprochant le plus s'apparente ici à une « internalisation ».

Ces hypothèses différencient à nouveau les systèmes de gestion traditionnels (ERP) des fonctionnalités Intranet. On comprend bien comment les premiers ne sont pas des stocks d'informations, mais bien plus de données. Ces dernières prennent un sens de par les mécanismes cognitifs déployés par les individus. Elles deviennent alors des informations par l'appel à des connaissances.

L'écosystème Intranet voit donc naître en son sein un certain nombre d'externalités de connaissances. Ces dernières sont autant de manifestations de gains pour l'utilisateur et pour son organisation. Aussi peut-on démontrer que des externalités se produisent et représentent de réels bénéfices. Ces derniers, comme cela a été mentionné, ne sont pas tous mesurables.

Un écosystème Intranet intégré et ouvert

La conduite du changement revêt un caractère fondamental aussi bien dans la phase de préparation de l'intégration des nouvelles fonctionnalités que dans les différents paliers du cycle de vie. Au-delà, les structures de gouvernance mises en œuvre dans votre organisation doivent rechercher des enjeux de cohérence, mais aussi laisser de la place à l'autonomie, la créativité et la production de contenus par tout un chacun.

Les couples fonctionnalités/usages donnent à la fois aux collaborateurs et à l'organisation un certain nombre d'externalités. De tels couples placent donc l'écosystème Intranet comme un environnement où des interactions se produisent, des confrontations ont lieu et où l'organisation de manière parcellaire ou non se voit touchée.

Ces dimensions permettent d'affirmer que l'écosystème Intranet est intégré dans l'organisation de l'entreprise et dans son système de management. En devenant incontournable, car étant un réel creuset d'information, de connaissances et d'interactivité, il influence l'organisation, les ressources humaines, des pratiques, des réflexes, etc. En cela, il est donc intégré et forme — dès qu'il se transforme en bureau virtuel — un réel pivot pour toutes les informations génériques et les métiers de l'entreprise... Par ailleurs, plus les années passent, plus il devient aussi une réelle mémoire, renforçant ainsi sa position.

L'écosystème Intranet est par nature aussi un système ouvert. Dans des contextes d'entreprise étendue, c'est-à-dire ouverts en direction de partenaires, de fournisseurs et de clients, il étend ses ramifications et son influence. Il est à la fois un facilitateur et de nouvelles sources d'intermédiation, de partage et de fertilisations croisées. Les phénomènes sont parfois néanmoins différents ; la confiance n'est pas du même ordre ; les relations peuvent être différentes ! La culture d'entreprise et le sentiment d'appartenance n'ont plus les mêmes effets.

Un tel système ouvert l'est aussi sur l'Internet, autre écosystème plus complexe, plus mouvant et plus incertain. Dans ce cadre, la gouvernance doit avoir défini les principales normes quant aux collaborations et diffusions d'information sur l'Internet. Elles peuvent être sources d'autres échanges et d'idées. Certains mécanismes d'intelligence économique captés sur l'Internet pourront ensuite, par exemple, nourrir des bases de contenus et de connaissances, directement intégrées dans l'Intranet...

L'ESSENTIEL À RETENIR

Les facteurs clés de succès de la pérennisation de l'écosystème Intranet sont les suivants :

✓ Définir les dispositifs d'animation et de gouvernance dès la phase de système cible ; les confirmer lors de la phase d'intégration et les mettre en œuvre officiellement dès la mise en ligne du nouvel Intranet.

✓ Pérenniser la dynamique initiée à la fois suite à de premières expériences Intranet et consécutivement à la phase de production du système cible.

✓ Définir des processus liés au pilotage de l'écosystème Intranet qui seront connus de tous et formeront les modalités opérationnelles des structures de gouvernance.

✓ Engager une gouvernance non uniquement synonyme de supervision et de contrôle, mais aussi levier de compétitivité pour l'entreprise.

✓ Adapter les structures et principes d'animation à la culture d'entreprise, aux styles managériaux et aux objectifs visés.

✓ Adapter ces mêmes dimensions aux degrés d'autonomie et de décentralisation laissés aux utilisateurs.

✓ Encourager le développement des usages et leur diffusion dans l'entreprise. Les nouveaux usages induits par les nouveaux services Intranet doivent être des vecteurs de performance et donc contaminer toutes les fonctions !

✓ Les nouveaux services induiront indéniablement des « réservoirs d'usages » non exploités. L'animation et la gouvernance devront détecter des poches de compétitivité des services Intranet et engager les actions correspondantes.

Conclusion partie 3

Une fois le nouvel Intranet intégré et/ou la série de modules applicatifs que votre entreprise a souhaité ajouter à l'Intranet existant, ils doivent s'inscrire dans une dynamique pérenne. Celle-ci doit être accompagnée. Elle repose sur plusieurs leviers : des leviers directement portés par les collaborateurs *via* des interactions entre les utilisateurs eux-mêmes ou par le développement de nouveaux usages influençant directement l'Intranet ; des initiatives des différentes entités de la gouvernance.

On comprend bien combien une dualité existe dans le cadre d'un Intranet : les utilisateurs peuvent être force de propositions et d'actions nouvelles et être influencés par les dispositifs mis en œuvre pour animer l'écosystème... On ne retrouve pas ce type de pratiques dans d'autres systèmes d'information. La majorité d'entre eux sont contraints et ne laissent aucune autonomie aux utilisateurs pour développer de nouveaux usages... C'est bien le contraire dans un réseau social, un wiki, un espace collaboratif, etc. L'utilisateur en est au cœur et dispose d'une latitude pour faire évoluer les usages...

L'écosystème Intranet doit donc être pérennisé. C'est un défi à part entière pour le management de l'entreprise. En effet, en cas de réussite, il constituera un réel catalyseur pour créer du changement interne, diffuser de nouvelles pratiques, faire adhérer à de nouvelles ambitions tout en offrant des fonctionnalités facilement utilisables par tous les utilisateurs.

Il est certain qu'il influence directement l'organisation de l'entreprise, ses processus, ses activités, voire ses normes internes. Certains auteurs tel Michel Germain nomment ces phénomènes organisationnels l'« e-transformation ». Le propos soutenu ici est qu'il existe bien des transformations consécutives à la dématérialisation de processus et à de nouvelles formes de travail collaboratives, mais ce ne sont pas les seules… En effet, d'autres phénomènes sont générateurs de valeur : les influences de l'écosystème sur le management, sur la créativité des collaborateurs, sur la mise en valeur de poches de savoir, d'innovations, localisées dans les bases de l'entreprise, etc. L'intégration est donc synonyme de défi, tout comme la pérennisation…

Conclusion générale

Réussir un projet Intranet 2.0 signifie atteindre deux principaux objectifs : définir l'écosystème Intranet visé par votre entreprise ; mener à bien une méthodologie projet à la fois robuste et créative.

Quel écosystème Intranet votre entreprise visera-t-elle ?

L'écosystème Intranet forme un tout interactif, vivant et dynamique. Il est représenté à la fois par une interface vers le système d'information de l'entreprise, vers des relations humaines interactives numériques et par l'accès à de nombreuses données, informations et connaissances…

Définir quelle sera la cible constitue un réel défi pour les porteurs du projet Intranet. En effet, de nombreuses entreprises ont déjà un écosystème Intranet ! Il s'agit donc de définir sa carte, mais aussi de réfléchir aux terreaux fertiles qui favoriseront les interactions, la collaboration, l'accès aux applications du système d'information…

L'Intranet est aussi un vecteur de performance dans l'entreprise… Il est la clé de voûte — dans le cadre des projets de portail ou de bureau virtuel — d'une mise à disposition, pour les collaborateurs, dans un lieu numérique unique des informations structurées (provenant des ERP, des applications, des systèmes d'aide à la décision) et semi-structurées (bases de connaissances, de collaboration, de documents dématérialisés, d'idées, etc.) ! Cette combinaison représente à la fois une réelle richesse immatérielle pour l'entreprise et un lieu numérique permettant la proactivité, la réactivité et plus généralement la décision et l'action…

Mener à bien une méthodologie projet à la fois robuste et créative

Les projets de système d'information nécessitent de manière générale l'utilisation de démarches professionnelles et robustes. Il en est de même dans le cadre d'un projet Intranet, à quelques points d'attention près ! Ce dernier est un projet de système d'information classique, hormis que l'utilisateur consommateur et acteur en occupe le centre, comme ses collaborations avec d'autres collaborateurs…

La méthodologie de projet doit ainsi à la fois prendre en compte des enjeux managériaux variés sans négliger l'écosystème cible… tout en définissant finement des fonctionnalités et les architectures applicatives et technologiques associées. Elle doit donc être robuste pour ces raisons-là, mais aussi créative dans la mesure où l'Intranet est synonyme de pluralité des matières premières, des situations d'usages, d'acteurs, de profils, etc., et de processus à la fois synchrones et asynchrones !

Les porteurs du projet et l'équipe qui les représente doivent donc faire preuve de créativité en prenant en compte de tels enjeux comme des facteurs clés de succès variés : la conduite du changement, la transformation de l'organisation, l'anticipation des usages, etc.

Un projet Intranet à l'image de votre entreprise

Quel que soit son périmètre, le projet Intranet doit donc être à l'image de votre entreprise, de sa culture interne, de ses priorités… Il en sera de même pour l'écosystème qui le sous-tendra.

Réussir un projet Intranet constitue donc un réel défi, car il est polymorphique… Il convient d'être vigilant dès son initialisation quant à son alignement avec la stratégie d'entreprise et d'en valider la réelle opportunité et faisabilité. Au-delà, la définition d'un système cible pertinent, adapté et progressif assurera aussi bien la formalisation des principaux termes de l'Intranet que de son plan de déploiement.

Réussir un projet Intranet, c'est aussi bien choisir une ou plusieurs solutions applicatives et des acteurs et prestataires de service qui mèneront à bien la phase de réalisation et d'intégration avec des équipes internes.

Réussir un projet Intranet, c'est encore garder à l'esprit que la conduite du changement est un axe majeur qui interviendra à toutes les étapes du projet. Elle conditionnera l'écosystème, mais aussi le caractère convaincant ou non pour les utilisateurs des solutions mises en œuvre.

Réussir un projet Intranet, c'est enfin prendre en compte qu'il peut représenter un réel vecteur pour le management et les différentes strates d'encadrement. L'Intranet, selon les fonctionnalités retenues, est un réel levier d'innovations managériales et donc d'autant de valeur pour l'entreprise...

Les perspectives, la prospective

L'écosystème Intranet s'insère dans un écosystème numérique plus large. Depuis le milieu des années 1990, l'écosystème Internet et de nouvelles formes d'intermédiation, de communication, de socialisation, etc., ont connu un essor sans précédent. Il en a été de même pour les Intranet, avec bien souvent un rythme d'innovations et de nouveaux usages moins soutenu.

Quel sera l'avenir numérique des années à venir ? Selon nous, l'écosystème Intranet va connaître une double évolution : devenir l'interface générale du système d'information de l'entreprise ; être interconnecté davantage encore avec l'écosystème Internet et toutes ses représentations.

Il se situe donc au cœur de l'écosystème numérique où se mêlent des relations numériques entre collaborateurs et des relations traditionnelles et où des creusets d'information et de connaissances existent et s'enrichissent...

L'écosystème Intranet se voit donc intégré dans un écosystème plus vaste où des usages communs existent. En effet, on peut très bien imaginer que de plus en plus de collaborateurs développeront une présence et une réputation dans l'écosystème Internet, en rapatrieront une partie dans l'écosystème Intranet (leur blog, leurs annuaires d'experts, etc.) et détiendront ainsi leur propre système d'information. Ceci laisse augurer de nouveaux défis pour les DSI... mais aussi pour des directions métier.

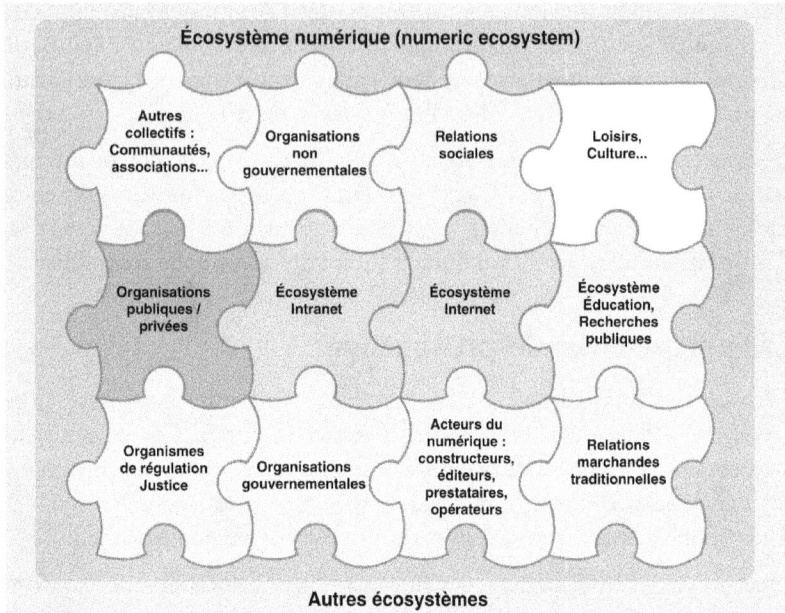

Au-delà, on peut également parier que le développement des communautés de connaissances décrites par Étienne Wenger ou encore Patrick Cohendet et ses co-auteurs dépasseront davantage encore les frontières de l'entreprise à terme. L'Intranet s'intégrera donc dans une entreprise étendue de plus en plus ouverte.

Cet ouvrage s'est attaché à donner un « fil rouge » méthodologique clair et fondé sur des années de retours d'expériences des auteurs. Cette approche vise à donner au lecteur des fondations pour construire son projet et des données prospectives pour les années à venir, aussi bien en termes de stratégie d'organisation que de système d'information.

Glossaire

AD (Active Directory) : solution d'annuaire informatique de l'éditeur Microsoft.

AMOA (Assistance à Maîtrise d'Ouvrage) : a pour mission d'aider la maîtrise d'ouvrage (MOA) à définir, piloter et exploiter le projet réalisé par le maître d'œuvre (MOE).

Ba : concept développé par deux auteurs japonais, Nonaka et Konno, mentionnant l'existence de places physiques et virtuelles dans les entreprises, favorables au partage et la création de connaissances.

BV (Bureau Virtuel) : portail Intranet donnant accès à l'environnement de travail sans contrainte de temps et d'espace.

CMS (Content Management System) : solution de gestion de contenu.

CPU (Central Processing Unit) : processeur. C'est le composant essentiel d'un ordinateur qui interprète les instructions et traite les données d'un programme.

CSS (Cascading Style Sheets) : feuilles de style en cascade. Sert à décrire la présentation des documents HTML et XML.

DMZ (DeMilitarized Zone) : sous-réseau se situant entre le réseau local et l'Internet. C'est cette partie du réseau contrôlée par un pare-feu qui est accessible de l'extérieur.

ECM (Enterprise Content Management) : solution qui vise à gérer l'ensemble des contenus dématérialisés d'une entreprise.

ERP (Enterprise Ressource Planning ou Progiciel de Gestion Intégré) : système permettant de relier les différentes fonctions de l'entreprise *via* un système d'information centralisé fonctionnant sur la base d'une architecture client/serveur.

Diagramme de GANTT : outil utilisé (souvent en complément d'un réseau PERT) en ordonnancement et gestion de projet et permettant de visualiser dans le temps les diverses tâches liées composant un projet. Cet outil permet de représenter graphiquement l'avancement du projet et répond à deux objectifs : planifier de façon optimale et communiquer sur le planning établi et les choix qu'il impose.

GED (Gestion Électronique de Documents) : ensemble des méthodes, techniques et technologies utilisées pour la collecte, la création, le traitement, l'indexation, l'archivage, la diffusion, la recherche et la consultation de documents numérisés.

LAN (Local Area Network) : réseau local. Ce terme désigne un réseau informatique d'échelle géographique restreinte.

LDAP (Lightweight Directory Access Protocol ou Protocole d'accès aux annuaires légers) : protocole permettant la gestion des annuaires électroniques encapsulé sur le protocole TCP/IP.

Mindmapping ou **mind map** : carte heuristique, également appelée carte des idées, carte conceptuelle, schéma de pensée, arbre à idées. Ce diagramme représente les connexions sémantiques entre différentes idées, les liens hiérarchiques entre différents concepts intellectuels. À la base, il s'agit d'une représentation principalement arborescente des données, basée sur les mêmes principes que l'organigramme.

MOA (Maîtrise d'Ouvrage) : le maître d'ouvrage ou la maîtrise d'ouvrage est le donneur d'ordre au profit de qui l'ouvrage est réalisé.

MOE (Maîtrise d'œuvre) : le maître d'œuvre ou la maîtrise d'œuvre est une personne physique ou morale (entreprise, direction, etc.) garante de la bonne réalisation technique de l'ouvrage.

MOM (Mise en Ordre de Marche) : installation d'une solution informatique avant sa validation en VABF (voir la définition plus loin).

PMO (Project Management Office) : département de l'entreprise qui définit et maintient le processus de gestion de projet et les tableaux de bord associés.

Portlet : application informatique que l'on peut placer dans un portail Web, qui sert alors de conteneur. Cet objet affiche un bloc sur une page Web et est souvent émis par des applets. Un portlet traite les requêtes d'une tâche ou d'un service donné et génère dynamiquement le contenu Web affiché à l'utilisateur. Les portlets permettent de fournir toutes sortes de services généralistes ou spécialisés (interface de consultation de dossiers, agenda personnel, annuaire, panneau d'information, intégration d'un moteur de recherche, météo, etc.).

RAD (Rapid Application Development) : méthode de développement rapide d'applications, où le cycle de développement est très court en temps. Le cycle de développement est en rupture fondamentale par rapport à celui des méthodes antérieures dites « en cascade ». Ce nouveau cycle qualifié d'itératif, d'incrémental et d'adaptatif, se retrouvera ensuite dans toutes les méthodes dites « agiles ».

Réseau PERT ou **graphique PERT** : outil de planification projet qui permet de visualiser la dépendance des tâches et de procéder à leur ordonnancement. Le terme PERT est l'acronyme de Program (ou Project) Evaluation and Review Technique, ce qui signifie « technique d'évaluation et d'examen de programmes ».

RGAA (Référentiel Général d'Accessibilité pour les Administrations) : il est destiné à définir, en France, les modalités techniques d'accessibilité des services en ligne de l'État, des collectivités territoriales et des établissements publics qui en dépendent, pour les trois canaux du Web, de la télévision et de la téléphonie. Le RGAA découle de l'obligation d'accessibilité imposée par l'article 47 de la loi du 11 février 2005 pour « l'égalité des droits et des chances, la participation et la citoyenneté des personnes handicapées ».

RIA (Rich Interface Applications) : applications Web qui partagent les caractéristiques ergonomiques des applications client lourd. La dimension interactive et la vitesse d'exécution sont particulièrement soignées dans ces applications Web.

RSS (Really Simple Syndication) : désigne une famille de formats XML utilisés pour la syndication de contenu Web. Ce standard est habituellement utilisé pour obtenir les mises à jour d'information dont la nature change fréquemment. Typiquement, cela peut être des listes de tâches dans un projet, des prix, des alertes de toute nature, de nouveaux emplois proposés, les sites d'information ou les blogs. Les podcasts et videocasts sont conçus sur ce même standard en utilisant la balise « Enclosure ». Pour les recevoir, l'utilisateur doit s'abonner au flux, ce qui lui permet de consulter rapidement les dernières mises à jour à l'aide d'un agrégateur, sans avoir à se rendre sur le site.

SGBD et **SGBDR** (Système de Gestion de Base de Données) : ensemble de programmes qui permet la gestion et l'accès à une base de données. On distingue couramment les SGBD classiques, dits SGBD-R ou SGBD relationnels, des SGBD-O ou SGBD orientés objet.

SLA (Service Level Agreement ou contrat de service) : formalisation d'un accord négocié entre deux parties. Ce contrat entre clients et fournisseurs met par écrit l'attente des parties au niveau des services, priorités, responsabilités, garanties, et donc au final ce que l'on pourrait définir comme le « niveau de service ». Par exemple, il peut permettre de spécifier les niveaux de disponibilité, de service, de performance, d'opération ou de tout autre attribut du service en question, comme la facturation, voire les pénalités (financières ou autres) en cas de manquement au SLA.

Social bookmarking : « marque-page social », « navigation sociale » ou « partage de signets » est une façon pour les internautes de stocker, de classer, de chercher et de partager leurs liens favoris. Dans un système ou réseau de bookmarking social, les utilisateurs enregistrent des listes de ressources Web qu'ils trouvent utiles. Ces listes sont accessibles aux utilisateurs d'un réseau ou site Web. D'autres utilisateurs ayant les mêmes centres d'intérêt peuvent consulter les liens par sujet, catégorie, étiquette ou même de façon aléatoire.

Tag ; étiquette, marqueur ou libellé, c'est un mot clé (signifiant) ou terme associé ou assigné à de l'information (par exemple une image, un article, ou un clip vidéo), qui décrit ainsi l'objet et permet une classification des informations basée sur les mots clés.

Template : anglicisme utilisé en informatique pour désigner un modèle de conception de logiciel ou de présentation des données. On parle aussi de gabarit.

TMA (Tierce Maintenance Applicative) : maintenance appliquée à un logiciel et assurée par une expertise externe. Cela consiste donc pour une entreprise à confier l'infogérance d'une application à une société externe.

VABF (Vérification d'Aptitude et de Bon Fonctionnement) ou recette utilisateurs : lors de l'étape de vérification d'aptitude (aptitude au bon fonctionnement, à répondre aux besoins exprimés dans le cahier des charges initial), le client réalise deux catégories de tests différentes. D'un côté, une recette technique est effectuée afin de vérifier que le produit livré est techniquement conforme sur toute la chaîne de processus. De l'autre, la maîtrise d'ouvrage contrôle l'aspect fonctionnel du produit lors de la recette fonctionnelle.

VoIP (Voix sur IP) : technique qui permet de communiquer par la voix *via* l'Internet ou tout autre réseau acceptant le protocole TCP/IP. Cette technologie est notamment utilisée pour supporter le service de téléphonie IP (« ToIP » pour Telephony over Internet Protocol).

VPN (Virtual Private Network ou réseau privé virtuel) : correspond à une interconnexion de réseaux locaux *via* une technique de « tunnel ». Il est vu comme une extension des réseaux locaux et préserve la sécurité logique que l'on peut avoir à l'intérieur d'un réseau local.

VSR (Vérification de Service Régulier) : si la VABF se déroule correctement et est validée, le client procède alors à la mise en service opérationnel. Une période de VSR commence donc par un premier déploiement sur un site pilote. Cette mise en production permet de tester le produit en conditions réelles.

WAN (Wide Area Network) : le réseau étendu est un réseau informatique d'une organisation couvrant plusieurs sites physiques et souvent une grande zone géographique.

Widget : recouvre deux notions distinctes en relation avec les interfaces graphiques. Il peut alors être considéré comme étant la contraction des termes « *window* » (fenêtre) et « gadget ». Il peut désigner :

 ▶ un composant d'interface graphique, un élément de base d'une interface graphique (bouton, ascenseur, liste déroulante, etc.) ;

 ▶ un widget de bureau, un petit outil qui permet d'obtenir des informations (météo, actualité, dictionnaire, carte routière, pense-bête, traducteur etc.).

XML (Extensible Markup Language) : le « langage de balisage extensible » est un langage informatique de balisage générique. Il sert essentiellement à stocker/transférer des données de type texte Unicode structuré en champs arborescents. Le World Wide Web Consortium (W3C), promoteur de standards favorisant l'échange d'informations sur Internet, recommande la syntaxe XML pour exprimer des langages de balisages spécifiques. De nombreux langages respectent la syntaxe XML : XHTML, SVG, XSLT, etc. Son objectif initial est de faciliter l'échange automatisé de contenus entre systèmes d'informations hétérogènes (interopérabilité). XML est une simplification de SGML, dont il retient les principes essentiels :

 ▶ la structure d'un document XML est définissable et validable par un schéma ;

 ▶ un document XML est entièrement transformable dans un autre document XML.

Bibliographie

Benghozi, P.-J., Bureau, S., « Professionnalisation des nouveaux métiers liés aux TIC : le cas des webmestres Intranet de France Télécom », *Économie et Sociétés*, série Socio-Economie du Travail, Vol. 25, N° 4, 2005, pp. 775-802.

Cohendet, P., Créplet, F., Dupouët, O., *La gestion des connaissances – Firmes et communautés de savoir*, Economica, 2006.

Germain, M., Malaison, C. (sous la direction de), *L'Intranet dans tous ses états*, Isabelle Quentin Éditeur, 2005.

Hamel, G., *La Fin du Management*, Vuibert, 2008.

Bootz, J. P., Kern F., *Les communautés en pratique : leviers de changements pour l'entrepreneur et le manager*, Traité IC2, série management et gestion des STICS, Hermès Publication, 2009.

Nonaka, I., Konno, N., « The Concept of Ba : Building for Knowledge Creation », *California Management Review*, vol. 40, n° 3, Spring 1998.

Rivard, S., Aubert, B. A., Patry, M., Pare, G., Smith, H., *Information Technology and Organizational Transformation : Solving the Management Puzzle*, Butterworth-Heinemann Ltd, 2004.

Roulleaux-Dugage, M., *Organisation 2.0 - Le knowledge management nouvelle génération*, Éditions d'Organisation, 2007.

Shuen, A., *Web 2.0 : A Strategy Guide : Business thinking and strategies behind successful Web 2.0 implementations*, O'Reilly Media, 2008.

Wenger, É., *Communities of practice : Learning, Meaning and Identity*, Cambridge University Press, Cambridge, 1998.

Sites Internet

01net : http://www.01net.com

http://andrewmcafee.org/blog/

APRONET, Association des professionnels internet des collectivités publiques locales : http://www.apronet.asso.fr/

B-R-ENT, Le blog des managers Web 2.0 : http://b-r-ent.com

http://blog.numeric-ecosystem.com

http://www.cefrio.qc.ca

Clubic : http://www.clubic.com

FredCavazza, http://www.fredcavazza.net

GoogleNews : http://news.google.fr/

InternetActu : http://www.internetactu.net/

Journal du net : http://solutions.journaldunet.com/

Les Infostratèges : http://www.les-infostrateges.com/

OII (Oxford Internet Institute) : http://www.oii.ox.ac.uk/

Techcrunch : http://fr.techcrunch.com/

Technaute : http://technaute.cyberpresse.ca/

Wikipedia : http://fr.wikipedia.org/

Index

Composé par :
Atelier d'Infographie Sandrine Escobar

www.ingramcontent.com/pod-product-compliance
Lightning Source LLC
Chambersburg PA
CBHW061159220326
41599CB00025B/4535